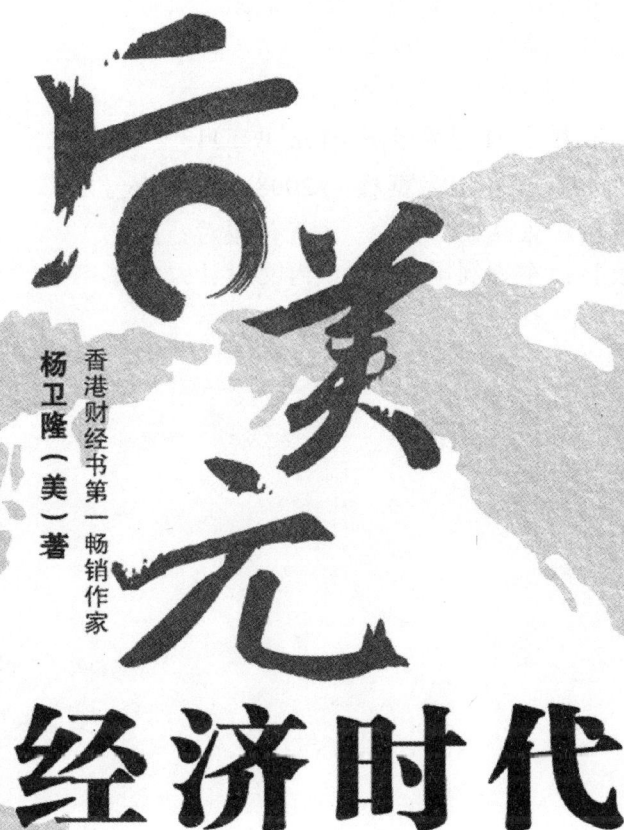

后美元新经济时代

香港财经书第一畅销作家

杨卫隆（美）著

中国财政经济出版社

图书在版编目（CIP）数据

后美元新经济时代/杨卫隆著.—北京：
中国财政经济出版社，2009.2
ISBN 978-7-5095-1161-9
Ⅰ.后… Ⅱ.杨… Ⅲ.世界经济-研究 Ⅳ.F113.4
中国版本图书馆CIP数据核字(2008)第205966号

责任编辑：张从发　　　责任校对：颜燕
封面设计：东方利丰　　内文设计：黄薇

中国财政经济出版社出版
URL:http://www.cfeph.com
E-mail:cfeph@drc.gov.cn
（版权所有　翻印必究）
社址：北京海淀区阜成路甲28号　邮政编码：100142
营销中心电话：010-88190406　　销售电话：027-88071749　88324307
武汉市楚风印刷有限公司印刷　　湖北南财文化发展有限公司经销
787×1092毫米　16开　13印张　170千字
2009年3月第1版　2009年3月第1次印刷　定价：32.00元
ISBN 978-7-5095-1161-9/F 0978
（图书出现印装问题，本社负责调换）
本社质量投诉电话：010-88190744

目录 | contents

009 致内地读者

013 序

015 前言

● 021 第一章：华尔街明日之后

023 资本主义世界的圣殿——华尔街

026 华尔街评论员

028 华尔街大户 CEO 捞金实录

032 弱肉强食的华尔街

034 AIG = All Is Gone

035 美国国际集团 AIG

036 利益冲突

040 银行和基金不择手段

043 管理不善

045 **美国两房**

045 金融小故事——骗人的电钮

046 华尔街的小圈子交际

048 影子内阁

050 投资顾问

● 053 第二章：世纪金融海啸

055 来势汹涌有如海啸

056 花旗的观音开库

059 见好就收

061 货币市场基金

064 美国梦

066 杠杆比率太高

069 投资银行末日

071 金融小故事——花旗寿星婆自轰

072 最坏时机

074 美国政府用人不当

077 美国政府为何要救市

079 社会进步＝放弃工业？
082 企业愈大愈好
083 降息的魔咒

● 085 第三章：细数金融海啸

088 央行降息
090 市场恐慌
092 CDS 证券市价
094 次贷证券和它闯的祸
096 大市见"底"
100 经济衰退
102 金融海啸的起因是什么？
103 庸官的错
106 美国民意
108 盲目信奉美国金融制度
109 放宽监管条例

● 111 第四章：金融海啸后的经济发展

113 保尔森与伯南克
114 香港财政专家

115 香港股市去向

117 台湾与内地股市

118 香港房市

119 金融海啸的淘金机会

121 次贷证券

122 股灾对金融海啸的启示

125 第五章：后美元时代的新经济秩序

128 亚洲金融机构扩张

130 金融小故事——存贷危机

131 日本沦陷

133 金融小故事——御手洗

134 美国的财经信誉

136 金融小故事——1万美元的破坏

137 中华美利坚

138 中国威胁论

140 美国的全球战略

142 中国的高速成长

144 中国如何吸引人才

146 欧元区的经济情况

146 欧元区仍在扩展

147 欧洲的银行业
149 中国的新经济目标
151 全球自然资源之战

● 153 第六章：中国经济新形势的崛起
155 金融海啸对中国长远发展有利
157 经济情况改变军事形势
159 2009年中国经济发展新动向预测
162 金融海啸中的中国投资策略和时机
167 如何避免投资失利
168 最好的投资

● 171 附录一：另类经济研究
173 标准普尔与美国住宅建筑业协会指数的微妙关系

● 177 附录二：花旗救市秘闻（小小说）
179 大祸临头始醒觉
193 救市困难重重
200 救市内幕
203 男儿膝下有黄金
205 好戏在后头

致内地读者

《华尔街完全崩解》(香港繁体版本书名)在中国内地出版简体字版本,我觉得非常荣幸。在此,为国内读者带来一点美国整体经济的信息。截至2008年12月1日,美国政府已为次贷风暴引起的金融海啸付出了85 000亿美元,包括还未支付但已承诺支付的部分。这笔钱相当于美国国民生产总值一半以上。但是事情还未完结,我估计,到2009年年底前,总支出金额会达到14万亿美元,几乎等同美国的国民生产总值。为了让读者明白那些数字的意义,我给各位列举一些例子。美国拯救AIG花掉了1530亿美元,拯救花旗集团动用了3000亿美元。中国的2007年国防开支约450亿美元,而花旗集团和AIG

的拯救费用加起来等同于10年的中国国防开支！即使相对美国的全年国防开支6000亿美元来说，2008年10月3日获得众议院通过的7000亿美元救市方案已经大大超过国防开支了。

连同美国现在超过10万亿美元的国债，美国已陷入破产边缘。估计美国短期内能动用的资金不足10万亿美元，再多的话，美国就会破产。幸好，很多国家要为美国人犯下的金融错误付出沉重代价，否则，美国经济早在2008年10月就彻底崩溃了。这些国家和地区包括中国和中国香港。以香港为例，雷曼倒闭前在香港出售的迷你债券，即毒债，和各大银行的次贷呆账都是为美国人结账。英国和日本遭到的打击比中国还要大。

这次金融海啸暴露了各国的经济缺陷，以及对华尔街的盲目崇拜和信任。以香港的雷曼毒债为例，香港共有33 000人买入了雷曼毒债，涉及资金超过112亿港元，相信最终是几乎化为乌有。香港财经专家和市民对华尔街的雷曼深信不疑，导致了政府不把关、银行促销毒债、市民购入这一系列过程，结果是一条龙中毒。要是我想在香港发行"杨卫隆迷你债券"，谁会买？银行会替我促销吗？政府容许我这样做吗？这个问题是否值得大家深思呢？

我在香港湾仔一家投资公司工作时，经常和同事到附近的君悦酒店(即外国政要经常入住的豪华酒店)吃午餐，有时和同行在附近新光酒楼的贵宾厅吃午饭，大谈财经内幕。那个时候，有假期就和家人一起到日本度假，日子过得挺富裕。

离开投资行业之后，我再也没有去过豪华酒店吃饭，一次也

没有。自从开始爬格子讨生活,收入确实少了很多,日常开支也要精打细算。我可以说是曾经活在两个不同世界的人,对于华尔街也有点认识。希望这本书能够启发读者对美国华尔街的好奇心,更加了解这个世界经济毒瘤。

最后,我想说一件事。我来到美国之后不久,在露天市场看到一些农民开着残破不堪的小卡车,衣衫褴褛、年仅十一二岁的小孩子和六十来岁的老者,搬着农产品下车摆卖。他们这样做,卖不到多少钱。看到这里,我差点哭起来,我觉得美国对不起这些农民。相对于华尔街那些穷奢极侈的圈钱大户,这些农民日夜辛劳,为了养活美国人而努力工作,却得到这样的待遇!美国这个社会公平吗?其他国家是否还应该追随美国华尔街?由读者自己去想吧。

杨卫隆
2009 年 1 月 10 日

序

  金融海啸之后，必然产生新的全球经济形势。欧美日诸国受到金融海啸冲击而丧失了主导全球经济的实力。从某程度上来说，美国和日本的经济反而要依靠中国。即使中国不能在这次全球性金融海啸中反客为主，取代美国成为全球经济中心，至少也会成为雄霸一方的经济盟主。想了解后美国时代的全球新经济秩序，我们要由美国盛极而衰的转折点——金融海啸谈起。

  "财迷心窍"确实是至理名言。金钱会令人失去理智，即使绝顶聪明的人也会在金钱的影响下，做出白痴也不会做的傻事。金钱越多，迷失的理智也越多。顺理成章，华尔街是全球最赚钱的地方，迷失理性的人随处可见。

  华尔街果真是遍地黄金，高层人员的年薪可以高达数亿美元。2008年的金融海啸正是由华尔街高层人员的利

欲熏心、贪婪渎职和美国政府官员的无能而引发。要探讨美国国力盛极而衰和日后的新秩序,应该以华尔街为起点。

美国华尔街是全球金融中心,也是全世界最神秘的人类文明,层层叠叠的官僚架构,加上复杂的人事关系,有人称之为统治全球经济的"影子政府"。这个"影子政府"的头领都是全世界工资最高的工薪阶层,没有总统或者首相的工资可以与他们相提并论。任何商品、期货、集资活动、融资安排等等都要经过华尔街才能完成。

以前遍地黄金的华尔街如今风光不再,华尔街大户都在想办法集资。无法集资的大户只能靠变卖资产套现,华尔街沦落到卖金融破烂的地步,多家著名投资银行被贱价收购或者分拆出售。很多高薪厚职的华尔街职员被迫转行或者靠拿救济金过活。

本书除了讲述华尔街盛极而衰的变迁之外,还揭开华尔街的神秘面纱、暴露出华尔街鲜为人知的内情,并深入探讨了盲目的投资者是如何信任华尔街、心甘情愿任由华尔街尽情鱼肉的,继而讨论世纪金融风暴并预测后美国时代群雄崛起的世界经济新格局。

本书的所有预测都是作者的个人猜测,只供参考,不应视作投资的依据。本书内容不构成任何法律或者投资意见,敬请读者注意。

杨卫隆

前言

金融海啸简介

2008年金融海啸的起因表面上是滥发信贷的次贷风暴，里面的真正原因其实是美国在过去几十年轻视生产、崇尚消费的社会问题。到了2000年之后，美国的进口是出口的近两倍；美国人每赚100元，就要花掉107元；美国的经济活动之中，有70%是内需；财政赤字和贸易赤字长期得不到解决，2008年12月，美国国债突破10万亿美元。这样的恶况能够长时间维持，还有赖于各国对美国金融制度的盲目信奉。

美国、欧洲和日本的情况都是差不多，不重视生产，甚至不事生产。除了举债之外，这些国家在经济上的生存之道是将钱搬来搬去，即名为海外投资或者商品交易的经济活

动,甚至明目张胆地操控商品和原材料价格。不客气地说,这样做其实就是掠夺别人的劳动成果。本来,这些事体现的是资本主义的本质,活在资本主义世界就得接受。可是,美国人发现,只要有人买债券,每借1块钱出去,就能够创造1块钱的财富,于是,如此美妙的不劳而获的经济活动迅速大行其道起来。贪婪令这些发达国家滥发信贷,大量创造有如海市蜃楼的财富,那就是次贷风暴的根源。这样的滥发信贷,总有一天要停下来,那时就是信贷紧缩了,紧接着就会是经济萧条。

到了经济大萧条的边缘,美国人还没有从不劳而获的美梦中醒来,反而趁着美国总统大选,推动减税和退税等消费政策,又注资银行体系,放松银根,企图继续以借贷为生,无疑会让美国经济更加泥足深陷。

金融海啸对经济的打击

金融海啸对经济的打击有两个方面:金融业和市场消费。

大家可能会奇怪,为何新车上市两年就要换款式。属于中产阶层的美国人买车,通常只用两年,因为用了两年再卖出去,旧车的价钱会较高。因为汽车和时装一样,有时流行体形巨大的多用途休闲车,有时流行小巧的大马力跑车,因此车厂也跟着这样的市场节奏,为每款汽车订立每两年推出新车的计划。由于汽车是美国人生活的一部分,甚至以汽车作为身份象征。美国人借钱把性能良好的汽车换掉是常有的事情。

可是,这样的挥霍到了2008年终于因为经济环境恶劣和

信贷紧缩的双重打击而停了下来。首当其冲的自然是大量出口汽车到美国的国家,例如日本、韩国和德国。以往一直畅销美国的日本汽车在 2008 年 9 月出现了史无前例的超过 30%销量的跌幅。除了汽车分销商大量倒闭之外,日本的汽车工业也受到了影响。

昂贵的消费品,例如 1000 美元以上一件的时装,名师设计的首饰等等都出现了严重滞销。欧洲和日本生产的商品原本主要走高档路线,现在吃尽苦头,倒闭之声不绝。

中国出口到美国的商品,大多是日常生活用品,例如纺织品和家庭用具,而并非汽车等需要信贷才能买到的东西。中国的商品以实用实际为主,不以昂贵的高档货为主打。在经济情况恶劣和信贷紧缩之下,反而未受到严重影响。

中国的金融业并非华尔街的骨干,受到华尔街金融危机的影响不及欧洲国家那么严重,至少不必像欧盟 15 国那样倾尽全力,注资 23 000 亿美元拯救银行,也不必像美国那样连番投入巨资拯救日益崩溃的经济。现在的英美银行之中,很多已经变成国有或者半国有机构了。

中国的黄金时期

金融海啸的打击集中在欧美日等国家,令中国的经济地位大幅度提升。中国持有的美元资产就有 2 万亿美元以上,可见美国的经济对中国的依赖程度。在金融危机中,中国可以将外销型经济,暂时转为内销型,完全没有必要依靠美国。当然,

中国的经济也会受到打击,但是不会像欧美日经济那样,需要作结构性的调整才能生存下去。

中国台湾地区人口约2300万,约为香港的3倍。从经济角度而言,是规模细小的经济体系。可是,台湾有着内地急需的高科技产业,也需要内地的劳动力,相信台湾与内地的两岸双边贸易会因为金融海啸而大幅增加。

香港有内地需要的金融和保险产业,当欧美日市场萎缩之后,大中华地区※的贸易和互助关系会更加紧密。

几年前,日本政府还自以为是东亚地区的老大哥,将中国的内地、台湾和香港都看得很低。当年,日本首相小泉纯一郎不理会中国人的反对,年年公然参拜靖国神社。到了金融海啸之后,日本急需海外市场,当然不会错过中国。于是,讨好中国人和争取中国市场成为了日本首相的重要工作之一。日本首相参拜靖国神社必然成为绝唱。

除此之外,日本的金融业受尽折磨,必然向财雄势大的中国金融业招手,最终将会沦为中国经济体系的一部分。笔者可以断言,再过10年,日本政府会考虑将日本战犯迁离靖国神社,甚至以重建为名将靖国神社改建,拔掉中国政府和中

※大中华地区

注:大中华地区是一个经济或商业名词,一般定义的范围涵盖中华人民共和国实际控制的中国内地、香港、澳门,以及中国台湾,实际控制台澎金马等地区;偶尔也会包括以华人占主体(3/4)的新加坡,和有许多华人居住(1/4)的马来西亚等东南亚国家,即常说的"新马"地区,亦泛指有华人居住及活动的地区如"华侨社群"等。

国人心中的一根刺。要不是发生金融海啸,这样的事情还真是难以想象。

正当欧美日诸国退出东南亚和中东等地区时,中国可以乘时而起,取而代之。日后,从经济角度而言,中国可以在世界舞台上单独对抗已经疲弱不堪的七大工业国。

假若欧美日集团长期经济不振,大中华地区极可能成立拥有共同货币的经济圈。大中华经济圈的市场、资源和工业实力远远凌驾于欧美日集团。中国上海的黄埔滩会与美国纽约华尔街一较高下,成为世界主要金融及商品市场。香港中区可和英国伦敦竞争,到时世界各国会放弃伦敦银行同业拆放利率※,改用香港银行同业拆放利率。

笔者看到10年后的三国鼎足局面,在经济层面上,大中华经济圈、欧盟和美国三分天下,各据一方,再也没有华尔街垄断一切的局面。发展中国家厌恶欧美日集团,必然会投向大中华经济圈。大中华经济圈将会成为亚洲、非洲、南美洲、中东等地区的经济盟主,名副其实的日不落经济大国。

※伦敦同业拆放利率
注:伦敦同业拆放利率,London Inter-Bank Offered Rate,简称LIBOR。LIBOR是一个英国银行同业之间的短期资金借贷款的成本利息率,由英国银行家协会按其选定的一批银行,于伦敦货币市场报出的银行同业拆借利率,再以抽样本的方式,计算出平均指标利率。

第一章：
华尔街明日之后

早在20世纪70年代,华尔街大户摩根士丹利的广告说:"如果神想融资,它会打电话找摩根士丹利。"(原文是"If God wanted to do a financing, he would call Morgan Stanley.")

美联储因为没有储备,在美钞上印上"奉我等信奉之神之名"(In God We Trust),依仗对神的信仰发行钞票。华尔街大户则拿美联储信奉的神来做广告作为招徕。

资本主义世界的圣殿——华尔街

资本主义就是个人主义，个人主义只重视个人利益，不理会社会责任。

美国华尔街正是伸张个人主义的地方，令富者越富，贫者越贫。那里也是全球最富有的人以金钱弄权的地方，即大家所说的全球金融中心。华尔街有世界著名的投资银行、保险公司、官方机构，那里控制的经济范围包括所有行业，包括汽车、石油产品、电子产品、传媒、医药和农业等等，数之不尽。想看看人类堕落的最丑恶面貌，千万不要错过美国的华尔街。

华尔街拥有世界最神秘的人类文明，层层叠叠的官僚架构，加上复杂的人事关系，小圈子交际，有人称之为"统治全球经济的影子政府"。这个影子政府的首领们都是全世界工资最高的工薪阶层，没有总统或者首相的工资可以与他们相提并论。全球著名大学商学院的学生几乎全部都希望能够走进控制全球经济的华尔街，赚取千万美元年薪，以及掌握并操控全球经济的大权。任何人若能够走进华尔街担任一官半职，立即身价变十倍。

华尔街大户操控全球经济的范围，远远超过美国总统的控制地域。单从经济角度去看，华尔街的影子政府凌驾在华盛顿的真身政府之上。

数十年来，华尔街操控世界各国20万亿美元资产，凭着至高无上的金权，尽情鱼肉无知、甚至盲目的投资者，肆意安排股票交易方式、

摆布经济发展去满足华尔街大户对掠夺金钱的欲望。

华尔街属下的汪洋大盗名为"对冲基金"，像古时的海盗一样，随时随地倾巢而出，将防守力量薄弱的发展中国家货币推垮，疯狂掠夺财富。另一方面，在商品市场上操控价格，以超低价格买入第三世界的原材料，令华尔街的吸血鬼可以不停吸血。

华尔街大户同时担任评级机构、证券经纪、发行证券及衍生工具的金融机构、投资和投机机构、银行等等职务可以说是金融业的一条龙操控。

所谓自由市场或者全球经济一体化等名词，只是代表将全球所有国家纳入华尔街的操控范围，任由华尔街大户鱼肉。

华尔街摧残新兴市场的例子多不胜数。1997年，东南亚多个新兴市场发展蓬勃，可能华尔街大户看不过眼，一声令下，对冲基金倾巢而出，首先是泰国、跟着是马来西亚、菲律宾和印度尼西亚，几乎所有东南亚国家的新兴市场都被扫平，从金融角度而言，已沦为焦土。经过10年时间，东南亚地区之中，有些国家和地区仍然无法摆脱1997年金融风暴的坏影响，另外一些国家和地区虽然出现了一些生机，可惜金融海啸再一次向着东南亚国家扑来。

每年，不少人千里迢迢由世界各地到华尔街"朝圣"，看看这个资本主义世界的圣殿。可是，他们只看到华尔街的面纱，没有人能够看到神秘面纱后面的脸孔。

笔者想套用中国人的一句话来形容华尔街的样子：金玉其外，败絮其中。

第一章 华尔街明日之后

□上图是美国纽约地铁华尔街车站的名称标记,以碎石砌成,古色古香。大部分到华尔街观光的游客,最先看见华尔街的东西就是这些标记。

华尔街评论员

说到华尔街的"败絮",实在是千丝万缕,无处入手,所以笔者选择了华尔街评论员作为开场白,并非代表华尔街评论员是华尔街最重要的人物或最差劲的人物。

不要说华尔街的评论员,香港的财经分析员也能享受月薪数十万港元的报酬,另加分红。单以薪酬而言,他们比起政府的司级官员,有过之而无不及。可惜,这些薪金比司级官员还要高的分析员的办事能力却真的令人失望。以2008年金融海啸为例,曾有星级分析员在恒生指数22 000点、20 000点、19 000点、18 000点的时候说大市已经见底,还教导散户购买股票。相信不少香港股民因为误信谣言而遭受了金融海啸灭顶之灾。

由于香港天文台天气预测欠准而感到气愤的市民,如果看过华尔街评论员对股票的预测和评论,必然会对香港天文台改观,至少再也不会因此感到气愤了。华尔街评论员的成绩,数十年来保持零分纪录,如果有家长拿到子女的成绩单,成绩却差得跟华尔街评论员成绩单一样的话,保证这位家长会心脏病发作。

2008年8月中,华尔街多家大户包括花旗(Citigroup)、美林(Merrill Lynch&Co.)和高盛(Goldman Sachs)的评论员对两房,即房利美和房地美,进行评估,并且撰写报告说两房资本额充裕,经营和运作上没有问题。而到了9月初,两房就出现了资本额不足的危机,结果被美国政府接管。如果你认为一次失准算不了什么,那么连续两年

失准又如何？请看以下实例。

多年前，有个网站搞了名为"Paradox Investor——对着干投资者"的玩意，假想只买入华尔街分析员评定为出售及持有的股份。结局并不惊人，经过两年投资之后，到2003年秋季，这位对着干的投资者赚到了53.5%的利润，获利高过市场平均水平75%。

中国人有句老话：乱拳打死老师傅。华尔街也有类似的现象。多年来，《华尔街日报》一直进行季度镖靶比赛（Quarterly Dartboard Contest），即由华尔街专业分析员及投资经理，与对股市全无认识的"菜鸟"级投资者进行选股对决。然而结果可能真是应了乱拳无敌这一说法，"菜鸟"级投资者连番得胜。"菜鸟"级投资者选股的方法是将《华尔街日报》的股票版贴在墙上，随意掷出飞镖，掷中什么股就买什么股。读者现在应该明白为何这项比赛名为"镖靶比赛"了吧。

□上图的飞镖只值1美元，是高质素选股工具，选股的可信性高过名扬天下的华尔街大户分析员。笔者绝对不认同这样的选股方式，可是如果读者想按照华尔街大户分析员的意见选股的话，笔者建议你考虑用这样的飞镖选股。只是掷飞镖时，请注意安全，谢谢！

华尔街大户 CEO 捞金实录

谈到华尔街大户,读者一定想到这些大户的首席执行官 CEO 年薪以千万美元计,华尔街真是遍地黄金。华尔街控制的资产高达 20 万亿美元,只要捞到 1%,那就是 2000 亿美元。华尔街大户赚钱时,高层人员的分红以千万美元计,令其他行业的人都羡慕不已。有人说,华尔街的 CEO 都是赌徒,但他们和一般赌徒的最大分别是,他们拿别人的钱去豪赌,无论输赢,他们都会满载而归。

读者一定以为华尔街大户的高层在公司赚钱时才得到巨额报酬。如果你这样想,那就错了。华尔街大户的高层即使做错事,拖垮了公司、害公司破产、客户亏损严重、股东血本无归、纳税人掏腰包收拾烂摊子,他们仍然可以得到巨额报酬。

以 2008 年发生的一些事实为例。

两房(房利美和房地美)被美国政府接管时,两位被踢走的 CEO 总共拿了美国纳税人 2400 万美元的离职金。

不过,比起雷曼 CEO 获得的总金额,两房的两位 CEO 才拿走 2400 万美元,真是小巫见大巫。158 年历史老字号,也是世界最大规模证券行之一,华尔街著名投资银行雷曼兄弟(Lehman Brothers)的 CEO 理查德·福尔德(Richard Fuld)(也有报道习惯将他称为迪克·福尔德。迪克是理查德的简称,美国人称理查德为迪克)于 2008 年 3 月收到 2200 万美元花红,作为他服务雷曼兄弟的奖赏。他在雷曼任职 14 年,套现了将近 5 亿美元的雷曼股份,相当于笔者执笔时(2008 年 11 月)

雷曼兄弟市值的 4 倍。

9 月初,雷曼兄弟陷入危机;9 月 14 日,雷曼兄弟正式向法庭申请破产保护。福尔德在雷曼未破产时已收取 2200 万美元分红,他日雷曼正式结束时,他还会获得一大笔离职金。

读者一定奇怪,为何快要破产的公司在破产前几个月支付 2200 万美元给行政失策、搞垮公司的公司领导人?笔者当然不知道答案,只知道像这样光怪陆离的事,在华尔街早已是司空见惯了。

以下是福尔德 2007 年的收入清单。(全部金额以美元计算。不计算股份,因为股份价值已经贬掉一大截了。)

雷曼 CEO 福尔德 2007 年收入清单

薪金(每年)	$ 750 000
获分发的受限制股份	$ 26 968 528
其他报酬	$ 153 169

期权金

已行使期权金额	$ 40 278 400
可行使期权金额	$ 41 998 500
期权总额	$ 82 276 900

总报酬

一年总现金报酬	$ 5 000 000
短期报酬	$ 750 000
其他长期报酬	$ 27 121 697
报酬总金额	$ 34 382 036

以上的数字可能没有什么意义，所以给各位以下的一些数字作比较。

2008年，香港特首的年薪约为500 000美元。福尔德先生的薪金连同期权的报酬等同于233位特首的总年薪报酬，或者349位副局长的总年薪报酬。

这还不算过分。福尔德先生在雷曼倒闭前几天，将公司的2200万美元资金以"特别款项"的名义分发给了公司内3名高层人员。这起事件现在正受到美国政府调查。

福尔德在公司倒闭之前，以不诚实的手法出售公司的债券，也就是香港人熟悉的"迷你债券风波"※。另外，雷曼将数以百亿美元计的资产从美国调到英国去，分散到不同的户口和机构。由于事件被揭发，英国政府已经冻结数以亿计的前雷曼资产。

更过分的事情陆陆续续还有不少，雷曼的中层管理人员在雷曼倒闭之后不久，竟然一起到豪华度假酒店享受美妙的公费假期一星期，花费公司也就是纳税人将近50万美元。这件事情传出之后，举国哗然，雷曼前雇员更是怒火中烧。事情刚过去，10月9日，美国传媒又揭发出美国保险集团再次召开昂贵派对，这次是中层

※迷你债券

注：迷你债券，即导致雷曼破产的次贷证券，因为雷曼自己发行了很多次贷证券，但是这种次贷证券所需要的投资规模比较大，普通投资人买不了的，于是一些银行就把这些次贷证券搞成所谓的结构性理财产品，向普通人推销，集合很多人的钱来购买，每个投资人所购买的理财产品就被定义成迷你债券，因为就好像是买到原来债券的一部分。

第一章 华尔街明日之后

管理人员伙同保险经纪到加州半月湾度假，房间每晚的租金高达5000美元，所有享受，包括名酒、按摩等，几乎全部由纳税人支付。因为政府持有美国保险集团约80%股份，美国保险集团是国有机构，公司的费用等同公费。最后，美妙的公费度假计划，因为美国人民的反对而被搁置。

10月初，福尔德在公司的健康室健身，一群公司前职员上前殴打福尔德，据非可靠消息指出，他被7~8个人拳打面部并挨了几掌。据闻，一位前雷曼雇员驾驶出租车差点撞倒福尔德。幸好，福尔德反应快，逃过一劫。可能因为福尔德经常要闪避出租车或者躲避前雷曼雇员，身心疲累，有消息报道，他曾经晕倒而要由救护车送到医院抢救。

2008年9月，美国总统布什递交给国会的7000亿美元救市方案，受到国会议员及美国人民的质疑：为何不限制CEO的薪酬和离职金，难道要美国纳税人付千万美元给那些搞乱美国经济的无能CEO吗？起初，财政部长保尔森坚定地反对这样的安排，认为限制CEO的薪酬会令美国机构不向政府出售没有流通性的资产。再说，保尔森本人也曾是华尔街高层人员，他以为华尔街的CEO可以随意花投资者的钱，必定可以随意花纳税人的钱。想不到，美国人民的反弹如此强烈。很多国会议员表明，对于没有限制CEO薪酬的条款，他们会投反对票。在此情况下，保尔森只好无可奈何地接受了。

华尔街大户的高层人员已成为过街老鼠。所有人将这次金融海啸的责任归咎到他们的身上。

弱肉强食的华尔街

华尔街一直坚守着丛林法则,实行弱肉强食。任何华尔街大户出现问题,就会遭到狼群分尸的残酷命运。雷曼兄弟宣布破产之后几天,即2008年9月17日,英国巴克莱银行(Barclays)以2亿5000万美元购入雷曼的投资银行业务。单是雷曼兄弟在华尔街的大楼,已经价值15亿美元,是雷曼兄弟宣报破产后股份市值的6倍。2007年,雷曼兄弟的投资银行业务估值超过330亿美元。2008年9月,雷曼的股价,对比高峰期暴跌99.37%,被迫以2亿5000万美元的超低贱价出售投资银行业务。由此可见华尔街弱肉强食的残酷程度。

著名的投资银行美林股价暴跌,为了保命,不想步雷曼之后尘遭到狼群分尸,于是在2008年9月14日,接受美国银行(Bank of America)以区区500亿美元的价格收购。

在此之前,2008年3月,摩根大通在美国政府出资担保之下,以趁火打劫的价格,即每股10美元,收购了投资银行贝尔斯登(Bear Stearns)。9月25日,摩根大通再次以贱价收购了美国的另一家银行,这次是拥有119年历史及3100亿美元资产的华盛顿互惠银行(Washington Mutual),收购价是19亿美元。

一轮弱肉强食之后,9月17日,华尔街的5家大规模投资银行只剩下两家:高盛(Goldman Sachs)和摩根士丹利(Morgan Stanley)。不要以为这两家银行已经逃过劫难了。当日,两家机构在9月16日宣布比预期为佳的季度业绩之后,其股价仍然在一日之内分别暴跌43%和27%。

美联银行(即瓦霍维亚银行,Wachovia)陷入危机,2008年10月,花旗银行(Citigroup)和富国银行(Wells Fargo)展开了收购争夺战,而将此事件同时提交州法院及联邦法院审理,连美联储也介入了这件事。美联银行极有可能在这次收购争夺战中解体。由此可见,华尔街的狼群分尸是如何激烈与复杂。

如果美国股市持续动荡,任何银行都有倒闭的危机。最后,这两家银行向美国政府提出的改为普通商业银行的要求获得批准。从此,华尔街的投资银行时代已成过去。

AIG = All Is Gone

有很长一段时间,美国国际集团(AIG)的股票是值得信赖的投资工具。很多银行和基金都持有大量AIG股票。这家保险公司在全球100个国家里雇用超过10万人。

2008年9月16日,美国政府宣布借出850亿美元给全世界最大规模的保险公司AIG。若非美国政府出手相救,AIG会在其后几日之内倒闭。AIG全名是美国国际集团,因为承接担保次贷证券的CDS※而蒙受巨额亏损。美国政府有鉴于该公司的保险涉及范围广泛及影响民生的直接性,所以批出850亿美元两年期贷款给该公司。该公司以79.9%股权作为抵押及撤换高层管理人员。2008年10月8日,美国政府再度为AIG注资375亿美元解困。

对于AIG的股东来说,AIG最贴切的意思是"一切都没有了"(All Is Gone)。该公司的股价由52周高位70.13美元下跌至不足2美元。

9月17日,美国政府宣布拯救AIG之后,道琼斯指数大跌499点。以往的经验是政府拯救金融机构之后,股市会强力反弹,尤其是金融类股

※CDS

注:CDS,credit default swap,即信贷违约掉期,指一种转移交易方定息产品信贷风险的掉期安排。信贷违约掉期 = 贷款违约保险,是一种新的金融衍生产品,类似保险合同。债权人通过这种合同将债务风险出售,合同价格就是保费。如果买入信用违约掉期合同被投资者定价太低,当次贷违约率上升时,这种"保费"就上涨,随之增值。

份。而这次却是暴跌,原因非常简单,之前的雷曼兄弟刚刚被狼群分尸,现在AIG又出事了。紧跟着又有基金出事,再加上AIG需要为这笔850亿美元贷款支付11.4%的利息,并进行有秩序的出售资产和分拆业务,对于投资者来说,金融机构的灾难像是没完没了,已经失去了过往追落后、博反弹的勇气。因此,投资者一看到有金融机构出事,就会先卖掉手头上的股份再说。

> **美国国际集团AIG资料**
>
> 美国国际集团是全世界规模最大的保险公司,1919年成立于中国上海。被美国政府接管之前是一家上市公司(纽约交易所代号AIG),总部位于美国纽约市的美国国际大厦,主要从事保险及金融业务。2008年第2季的总资产值是780亿美元,雇员人数11万6000人。2007年的收入是1100亿美元,纯利为53亿6000万美元。美国国际集团在香港的附属机构拥有保单220万份。

利益冲突

　　华尔街是做大生意、讲金钱利益的地方。说到钱，不可能没有利益冲突。用简单一点的话来说，利益冲突是损人利己的行为。华尔街是个利字当头的地方，所有在那里工作的人，都是为了赚钱才留在华尔街，没有人关心社会利益。那里是世界上最多利益冲突的地方。利益冲突有很多类，例如个人利益、公司利益、社会利益。另外，还有人因为同时身兼数职或者在多家公司任职而出现利益冲突的情况。

　　举个雷曼兄弟CEO理查德·福尔德的实例。理查德·福尔德是投资银行雷曼兄弟的董事，又是纽约联邦储备银行的董事。当雷曼兄弟出事的时候，福尔德曾经向美联储求救。贝尔斯登就是得到了美联储的拔刀相救才能保住性命，不至于破产的。但福尔德的情况非常尴尬。根据美国法律，联邦储备银行的董事在董事会作出有利于个人的决策属于严重刑事罪行，可以被判入狱5年。最后，美联储没有出手相救，而是任由雷曼破产了。几乎每位华尔街要人都和福尔德一样，同时担任多家金融机构、民间团体和公营机构的董事。因此，出现利益冲突的普遍情况大家可想而知了。

　　除了位高权重的人之外，在华尔街参与股份交易的人都会有利益冲突。交易员是最好的例子。交易员除非进行违规交易，否则只能按照指示拿别人的钱进行买卖。理论上，他们只会收到交易的佣金和公司赚钱的分红，不会直接因为证券的买卖而赚钱或者亏本。交易员的个人利益主要来自于交易金额，而不是交易的盈利。贝尔斯登在倒下前，与雷曼、美林、高盛和摩根士丹利的利润，有60%来自交易佣金。对比20世纪90年代后期，这个数字只是那时的40%。

投资者与交易员的利益冲突非常明显。投资者和基金经理的利益冲突则较为暧昧。

2008年10月3日，美国国会通过的2008年经济稳定法案，授权财政部长动用7000亿美元购买金融机构的非流动性资产，或者任何财政部长认为需要购买的包括股份在内的其他证券。财政部长保尔森要推行这项法案，但又没有适合的人力物力，于是找华尔街金融机构的高层人员负责拍卖、收购及管理这些证券。但这时，利益冲突的问题又来了，金融海啸正是这一伙人闯出来的祸，由他们来收拾残局是非常不智的做法。而且，他们任职的机构也有很多非流动性的资产，他们肯定也想卖些公司股份给政府，以抬高股价让自己的股东及公司高层人员获益。由这样的人来拯救美国经济，经济可能只会越救越乱。

财经分析员的利益冲突，在所有人面前是显而易见的。香港的财经分析员都是某某证券行董事、某某银行研究员……诸如此类。要是证券行的董事出来谈股说财经，必定是以叫人买股票为大前提。因为如果他说当前经济危机将会深化，最好不要买股票，持有股票的也最好卖掉的话，这样说岂不是为证券行"唱衰"，赶走投资的客户？证券行的股东和公司高层一定非常不高兴。因此，某某证券行董事明知金融海啸将会令投资者损失惨重，仍然会以股东的利益为出发点，叫人大买股票。于是"大市见底，趁低吸纳"、"股价低残，值博率甚高"、"金融股可以炒"等等声音不绝于耳。尤有甚者，财经分析员伙同证券行高层召开发财研讨会，以分析员的中立身份为证券行推销证券服务，当然也要在研讨会上高声唱好股市。

笔者从来没见过某某银行研究员唱淡自己任职的某某银行。这样的研究员发表的研究报告一定不够中肯,对市场必然是过度乐观。以次贷证券为例,请各位看看2006年的各大银行研究报告,只字未提次贷证券的风险,以及次贷证券会发展到今天这种恶劣情况的可能性。当然,银行的资产中有不少这样品质不良的债券,要是说了出来,银行股价必定暴跌,客户信心必定尽失,这样的研究报告肯定无法通过银行高层的允许而发表出来。不明白为何研究经济的学者都捧着这些研究报告细读,将其看成权威数据。笔者对这些研究报告持有很大疑问,在财经分析时常常倾向于搜集政府发表的数据。

学者的研究也不见得中肯,请看看世界著名学者伯南克——普林斯顿大学经济学系教授,他放下教鞭,登上美联储主席的高位。要是学者有"学而优则仕"的念头,他们的学术研究必定会倾向"皆大欢喜"的方向,即以讨好金融巨子和政客为目的,因为要是说了没有人爱听的话会影响他日的仕途,结果必然是自我审查。这也是利益冲突所在。学者应该像爱因斯坦那样,以研究学术为终生职业,要是总将眼睛放到名利场去的话,不算是学者。

以笔者本人而言,身份是财经作者,从动了撰写次贷风暴财经书的念头当日开始,即2007年年底,立即卖掉了名下所有基金,股票更是早就卖光了,从此笔者和笔者的直系亲属完全脱离股票投资,既不买入,也不抛空。至于401K※户口内的投资,笔者绝不过问,也不知道投资的

※401k
注:401k账户是美国于1981年创立的一种延迟纳税的退休金账户,由于美国政府将相关规定明订在国税条例第401[K]条中,故简称为401[K]计划。

组合是什么。笔者不想做官,没有踏上仕途之心,对商界发展更是丝毫没有兴趣,在商界服务已超过10年,早就对那样的名利场心灰意冷,否则也不会"弃暗投明",转行执笔了。这样做才能用中肯的态度,冷静地以旁观者的身份分析经济形势,要是有一点点歪念,分析就会出现偏差。这也说明了笔者前作《次贷风暴高清面目》中的预测为何如此准确的原因。

银行和基金不择手段

2008年9月初,笔者在加州的金银交易场与一位从事金银买卖的朋友菲利普倾谈。他气得满脸通红地说,他和太太拿用作退休金的证券投资基金※不停地大手买入两房股票,而且是普通股,由50美元一股,一直买到只有几毛钱一股。那还不算,在基金方面还增持了雷曼和AIG的股票。菲利普和他太太储蓄了40年的退休金,在退休前两年的一个月内几乎全数泡汤,退休计划也要被迫延期。如果他们想重新拥有从前那笔退休金的财富才退休的话,相信最快要到80岁才能达成退休愿望。

美国人的退休金是俗称"401K"的供款,存款在政府的户口,退休前不能动用。每个人都可以选择投资方式,选择股票或者基金都可以,但是有一点,一定要拿来投资。401K可以说是一般美国人的唯一储蓄。

看来,菲利普选择的证券投资基金对破产股份情有独钟。基金的名字笔者在此不便说出来,只能说是名字响当当的著名证券投资基金。

对于基金交易员来说,大手买入亏本的股票符合个人利益就行了,天晓得谁的退休金会泡汤。对于基金经理来说,基金的存亡只是小事一宗,客户的退休

※证券投资基金
注:证券投资基金是指通过发售基金份额,将众多投资者的资金集中起来,形成独立资产,由基金托管人托管,基金管理人管理,以投资组合的方法进行证券投资的一种利益共享、风险共担的集合投资方式。证券投资基金在美国称为"共同基金",英国和我国香港特别行政区称为"单位信托基金",日本和我国台湾地区则称"证券投资信托基金"等。

第一章　华尔街明日之后

金泡汤与他个人无关。最重要的是母公司的高层高兴，他日自己的仕途顺利。当母公司要抛售某股份时，基金经理乐意用客户的钱大手买入，顶着价位，给母公司一点时间出货。这也说明了为何基金经理没有严守止跌的原因。

香港的情况也差不多，2008年年中，各大银行的柜位职员纷纷向定期存款客户硬销雷曼发行的迷你债券。一些年事已高、目不识丁的老者，在银行办定期存款手续时受到柜台职员误导，以为迷你债券高息稳妥，而将户口内的钱转到债券去。试想想，这样做是否银行应有的操守？这样做和街上卖假药和算命的骗徒有什么分别？

在美国加州，柜台职员是不能这样做的，因为买卖有价证券的建议，只能由持牌财务顾问提供。而在香港，即使这样做不是犯法行为，也有操守和道德上的问题。

笔者对银行业的操守一向持怀疑态度，但是也照样吃过亏。笔者在一家美国的银行有户口和信用卡。2003年年初，收到银行寄来一张只有1.3美元的支票，说是信用卡奖励。在收到这封信之前的一星期，笔者曾刷信用卡买了一张机票，确实花了一笔钱。由于信封和信件都有银行的标记，笔者没有怀疑也没有细看内容，于是就将那张支票和其他支票一起存入了银行。

过了几个月，笔者又收到一张一模一样的支票，也是1.3美元。这次引起了笔者的怀疑，因为笔者在那几个月后就没有用过信用卡。细看支票背面的文字，笔者发现存入那张支票就是同意加入一个名叫什么Advantage的旅游会，费用约为50美元，为期半年。笔者再翻看信用卡资料，户口确实被那该死的Advantage提取了50美元。那就是说

存入那张面值1.3美元的支票,就要反过来被提取50美元。于是笔者跑到银行,搞了大半天才取消了那个会籍,可是已支付的金钱就再也无从追讨了。

比起香港的次贷受害人,笔者的损失只是微不足道,但从本质上来说,二者同样是受到银行的争议性经营手法所害。

管理不善

美国政府因为管理不善而闻名于世。以美国的半官方机构房地美和房利美为例,两房的主要业务是向银行及房贷公司买入房贷,进行担保及将房贷证券化,在证券市场上出售房贷证券。原则上,两房的业务受到限制,不能承接 729 750 美元以上,及借款人信贷不良的房贷。高于这个金额的房贷被称为珍宝贷款(Jumbo Loan)。到 2007 年 12 月 31 日为止,珍宝贷款的上限是 417 000 美元。

两房规模庞大,承接的房贷保险超过了 5 万亿美元。可是,两房在 2008 年出事,最终被政府接管的原因,竟然是承担的房贷保险之中有 1/10 是俗称为"交替性 A 文件"的高风险、低质素次贷。两房的巨额亏损中,60%与次贷有关。

读者一定以为美国政府由于忽略了对两房的监管才会出现如此荒谬的事情。事实上,两房是世界上受到监管最严密的机构。原则上,两房的交易,每宗都要经过独立机构审查。两房未被政府接管时,负责监管两房的政府部门名为联邦房屋企业监管办公室(Office of Federal Housing Enterprise Oversight,简称 OFHEO)。办公室雇有 260 名职员,全职监管两房。只有 1.5%资本额的两房从事高风险业务,一步一步走向绝路,该办公室竟然完全没有发出警报。2008 年 7 月 30 日,美国政府忍无可忍,将该办公室与另一政府部门合并,结束了其历史使命。

美国前总统克林顿和现任总统布什都曾经动议加强监管两房,缩

小两房的规模,可惜国会否决了两位总统的动议。由此可见,两房在华盛顿的游说工作做得很好。要是两房在处理房贷业务时能有在华盛顿游说的成绩,相信两房已是全球最赚钱的私人机构了。

说到管理不善,美国证券交易委员会(美国联邦证券管理委员会 U.S. Securities and Exchange Commission,简称 SEC)可以说是一绝。科技网络股泡沫和安然事件,都在美国证券交易委员会主席哈维·皮特(Harvey Pitt)的任内发生。他完全无视证券业的风险,一次又一次令全球陷入危机中。哈维·皮特竟然继续担任美国证券交易委员会主席。2000 年开始,华尔街出现大量高风险的衍生工具和偿还能力有问题的次贷证券。到了 2007 年年中,次贷风暴浮现时,单是 CDS 的面值就有 62 万亿美元。在这漫长的 7 年时间,美国证券交易委员会对此什么都没有做、什么都没有说。证券交易委员会完全没有监管功能,难怪共和党总统候选人麦凯恩说,应该开除证券交易委员会的负责人。这样的监管机构作用何在?

政府部门管理不善,华尔街私人机构的管理也好不到哪里去。华尔街 5 家大规模投资公司,在不足一年的时间之内,政府接管了一家、两家卖盘、两家转为一般商业银行。即使全球最大的保险公司 AIG 也要美国纳税人出钱拯救。由此可知,华尔街的管理差到了什么程度。

美国两房

两房是指美国的半官方机构房利美（Fannie Mae）和房地美（Freddie Mac）。一般人误以为两房的业务是为置业者提供房贷，事实上，两房不直接承做房贷，只是从房贷公司或者银行买入已经做好的房贷、为房贷进行担保及将房贷证券化。两房的功能是让金融机构尽快取回已批出房贷贷款的款项，变相为房贷市场提供大量资金，推动房贷业务增长。

2008年9月7日，两房被联邦住房融资机构 Federal Housing Finance Agency，简称FHFA）接管。

房利美，成立于1938年，总部在华盛顿，2007年第一季的总资产达到8825亿美元，资本只有440亿美元。

房地美，成立于1970年，总部在弗吉尼亚州麦克利恩市（Mclean, Virginia）。2007年的总资产达到7944亿美元，资本只有267亿美元。

金融小故事——骗人的电钮

电影《钢铁侠》（Iron Man）的主角小罗伯特·唐尼（Robert Downey Jr）于2008年4月29日主持华尔街纽约交易所开市仪式。他说，在按动电钮之前，钟声已响。原来华尔街的钟是自动在早上9点30分响起的。既然华尔街不想那位名人按钟，大可以单纯地让他主持开市仪式，何苦弄个假电钮骗人？找名人按那开市电钮只是跟全世界的人开个玩笑而已。

华尔街的小圈子交际

华尔街的官僚制度比官府还要厉害,阶级分明,无论任何人都有活动范围的限制。华尔街奉行小圈子交际,你若不是这小圈子的一份子,休想走的进去。所有明文规定的由下至上投诉机制和那纽约交易所开市钟一样,摆明是骗人的。

华尔街大户的小圈子活动非常神秘,而且操控了整个美国金融系统,所有主要交易和决策都是在这小圈子内完成。每当小圈子聚会就有合并或者收购事件发生。

除了高层之外,中层也都一样,有自己的小圈子,有一定地位的人才可以跟那些中层人员谈话。无论公事与否,一切交际安排均由中层人员的秘书或者私人助理负责。要约个时间跟一位中层管理人员谈话一分钟,比约见加州首府萨克拉门托市市长还难。这就是华尔街上下没有沟通的原因。除了前线工作人员和中层缺乏沟通之外,中层和高层也是没有互动的。

即使在同一办公大楼工作,在华尔街大户工作的低级人员休想见到高层人员,因为高层人员有专用停车场和电梯,连出入通道都是完全独立的。

一般的社交活动也是一样,例如某华尔街大户的中层人员开游艇派对,被邀请的人肯定都是同一小圈子的成员或者贵宾,绝对不会有一位局外人受到邀请。

想加入这些小圈子并不容易,即使你买入价值数百万美元的高尔

第一章　华尔街明日之后

夫球会籍,也不会有华尔街高层和你打球的。放心好了,那样的事情绝对不会发生。要是你搬到那些大户住的地区去,同样没用,他们绝对不会走上门跟你打招呼的。

即使你走运,华尔街大户跟你谈过几句话,甚至给了你一张名片,也不要开心得过早。他们的名片只是一张纸,如果你依照名片上的电话号码打给他,只会打到公司的总机去。

就是因为走进这个支配全球经济的神秘华尔街小圈子的门路难求,所以有"中国私募基金教父"之称的投资家赵丹阳,才会于2008年6月以高于1600万港元的历来最高成交价,投得与"股神"巴菲特共进午餐的机会。

华尔街的风光日子不再,美国政府接管了两房、AIG和一些银行,华尔街的影响力大降。操控美国经济的大权由华尔街转到了华盛顿。

2008年9月,华尔街小圈子的时代告终,因为很多小圈子成员丢了CEO的职位。另外有些成员被捕下狱,还有一些被迫退休了。

影子内阁

谈到纽约经济俱乐部（The Economic Club of New York），很多香港人会以为那是普通会所。因为直觉上，只有著名的会所才会是顶尖会所，而此会所的名字，听起来也不见得显赫，知道这个会所存在的香港人应该不多。

纽约经济俱乐部成立于1907年，会员人数只有700人。想加入纽约经济俱乐部的人数以万计。要加入该会所成为会员并不容易，要找到两位会员推荐才可以。表面看来，找两位会员推荐并不是什么困难的事情，要是你知道那些会员是什么人，你一定会惊讶，要找一位会员已经难比登天，要找两位几乎就等于绝望了。读者可能以为能加入这个俱乐部的人必定是亿万富豪，实际上入会的标准并不是以个人资产金额计算，而是看此人在全球经济的影响力。另外，会员通常行事都很低调，不爱出风头，爱抛头露面而且政治观念鲜明的人，很难有机会加入。

1999年4月13日，访问美国的我国总理朱镕基出席纽约经济俱乐部主席威廉·麦克多诺（William J. McDonough）主持的晚宴，朱总理在晚宴上发表了演讲。试想想，中国总理到美国访问，公务一定很繁忙，但是仍然抽出了一个晚上的时间在纽约经济俱乐部主持的晚宴上发表精彩演说。各位可以想象到该会所对经济存在的影响力了吧。

另外，2008年3月中，美国总统布什在纽约希尔顿酒店向该会所的成员发表了演说。全球千多位领袖、国家元首曾在该会所发表演

说，几乎所有读者能够想得起名字的政要，都曾在这会所发表过演说。各位可能会问，这到底是什么会所？

这就是笔者上一节所说的华尔街小圈子的一个组成部分。如果将华尔街说成是影子政府，这个会所就是影子政府的内阁。

投资顾问

在2008年的金融海啸中,不少投资者损失掉毕生积蓄,也有投资者幸免于难。与美国的业内人士倾谈之后发现,经由持牌投资顾问订立过长期投资计划进行投资的投资者,在这次事件中损失不大。持牌投资顾问会建议在5年内退休的人增持债券和货币市场基金,并且逐步退出股票市场。这些投资者绝大部分都能够在这次金融海啸中保存资本,可以安享晚年。即使不是很快就要退休的人,持牌投资顾问给他们的投资意见大多是分散投资,重视风险管理,因此对其造成的损失有限。

那些自己走进证券行或者银行开设投资户口的人,通常忽视了风险或者完全没有做任何风险管理。投资组合之中,高风险的股票和基金占的比重极高,他们大部分人的损失极为严重,即使能够保存部分资金也要延迟退休计划。

对个人投资者来说,聘请值得信任的持牌投资顾问管理投资组合是最佳的选择。要是资金不足,无法聘用持牌投资顾问,最好将股票投资金额限制于投资组合的20%之内,并且不要染指衍生工具。不要在书店随便挑本名人写的炒股发财秘籍依葫芦画瓢,更加不要按照报纸上的投资建议买入股票。

以上是笔者个人见解,并非投资意见。笔者并非持牌投资顾问,没有资格向公众提供投资意见。请读者见谅!

第一章 华尔街明日之后

□图中的银币是一桶同一年份的20个全新银币。2008年9月时买入，连税买入价约为300美元。

由于美国金融业和银行出了严重问题，美国人对于投资和银行存款都产生了戒心，于是买入金币和银币，放在保险箱内。加州的消费税高达7.5%，再加上约10%的手续费，这样买入银币，其实很难可以赚到钱。以往，只有钱币收藏家才会买入。现在，买入钱币是大部分美国人的投资首选之一。

□图中的东西是银条,每条10盎司重,也是美国投资者的新宠。连税买入价每条约160美元。

第二章：
世纪金融海啸

  美联储前主席格林斯潘说,这次金融危机是"百年一遇的事件"。因此,很多人将2008年这次金融危机称为世纪金融海啸。

来势汹涌有如海啸

2008年9月7日，美国政府承诺出资2000亿美元拯救财政上陷入困境的房利美（Fannie Mae）和房地美（Freddie Mac）。一星期之后，在短短3日之内，美国的著名投资银行雷曼兄弟申请破产、美林突然接受美国银行的贱价收购。美国政府又突然注资850亿美元拯救全球最大的保险商美国国际集团AIG。9月25日，美国的华盛顿互惠银行（Washington Mutual）被美国政府关闭，成为美国历史上规模最大的倒闭银行。同日，摩根大通以19亿美元的贱价收购了这家拥有119年历史及3100亿美元资产的银行。

2008年7月被美国政府接管的印第麦克银行（IndyMac），资产值只有320亿美元。以往美国最大规模的倒闭银行是1984年倒闭的伊利诺伊州大陆国民银行（Continental Illinois National Bank），资产值只有400亿美元。这次华盛顿互惠银行的倒闭可以说是美国银行业中极度震撼的大事。多家美国银行和大机构突然相继告急，情况大有一触即发、全盘崩溃之势。

市场无法一下子接受这样的事实，投资者措手不及，市场出现了短时间的恐慌。全球金融类股纷纷被抛售。到了这个时候，原本以为次贷风暴是小事的美国财政部长保尔森和美联储主席伯南克，这才意识到事态严重。美国政府不得已，宣布了人类史上最大规模的7000亿美元救市行动。

10月初，救市方案获得两院通过及总统签署，成为法案，可是，全球股市不但没有反弹，反而出现大幅下挫。原因是美国的救市方案未必能够拯救美国经济，更加难以阻止大萧条的出现。

花旗的观音开库

这里说的观音开库※不是香港农历正月廿六观音诞的"观音开库",而是美联储向金融机构发放的无节制贷款。因为这些贷款是来者不拒,所以笔者称之为"观音开库"。最先开库的是联储局。联储局为了拯救投资银行贝尔斯登(Bear Stearns),于2008年3月,担保290亿美元的贷款,最终可能亏损60亿美元。美国库房于2008年5月开始派发总数1600亿美元的振兴经济退税支票。到了夏季,为了拯救房市,美国国会通过法案授权联邦住房行政局(Federal Housing),担保不超过3000亿美元的物业加按※。

接着,美联储接受投资银行以没有流通性的次贷证券为抵押品,作为贷款抵押品,也就是变相的观音开库。借库的机构包括贝尔斯登、房地美、房利美、AIG、货币市场基金等等。单是两房就是2000亿美元的承诺、AIG是实时支付850亿美元(10月初,再次注资375亿美元)、货币市场基金获注资500亿美元。即使如此大撒金钱,经济问题仍然在不断深化,金融业的倒闭潮来势汹汹,而且金融海啸急速地扩散到欧洲和亚洲地区。金融海

※观音开库
注:观音开库是一种信仰习俗节目。时间为农历正月二十六。香港、澳门民间信仰观音颇为流行。每逢此节,善男信女,不分老幼,成群结队地去各观音堂进香拜佛,求签问卜,祈望观音菩萨开库,能带来好运。

※物业加按
注:物业是香港的说法,即房产。加按是指按揭人将已被抵押的物业,再抵押给现有的承贷人,从而获得新的贷款。事实上,根据我国的实际情况,加按并不如定义那么简单,在房产进行第二次抵押时,银行要求前一次的贷款已全数还清。

第二章 世纪金融海啸

啸本来只局限在美国的金融业,但从9月开始,制造业、零售业等也受到了影响。2008年10月初,通用汽车的股价下跌到只有6美元,是1950年以来的最低价。由此可见,金融海啸的冲击已经深入美国经济的各个层面了。美国政府情急之下,只有再拿多些钱出来救市。

2008年9月21日,美国总统乔治·布什向国会提交方案,要求拨款7000亿美元,购入金融机构的问题房贷,并将国债上限由106 000亿美元提高到113 000亿美元。连同拯救两房和AIG在内,这次美国政府救市行动的代价是1万亿美元以上,是人类史上最大的救市款项与规模。但是,一众财经专家到了这个时候仍然在否认美国陷入了衰退。依照他们的意见,美国仍处于经济增长时期,没有衰退。美国经济情况大好却有陷入大萧条的危机,财经专家的分析确实是一绝。

由于美国金融业内的不良资产金额庞大,再加上美国2008年破纪录的5000亿美元财政赤字,还不包括伊拉克军费,美国政府可能啃不下这些不良资产。9月21日,美国财政部长保尔森呼吁外国银行接收一些美国的不良资产,也就是帮美国啃些呆坏账,各国反应非常冷淡。10月3日,7000亿美元的救市方案获得通过,正式成为法律。

美国政府救市心切,笔者绝对理解,可是这次世纪金融风暴绝非美国政府大撒金钱就能够力挽狂澜的。美国政府在过去数十年内忽略了国债上升、8年来无视金融业的内在问题、对金融机构监管不力、官商勾结、商人贪婪、贪污腐败、贸易手法全无节制、华尔街CEO的薪酬过高、经济结构出现根本的问题等等,都是世纪金融风暴形成的各种成因。到了世纪金融风暴愈演愈烈之时,美国政府没有决心整顿金融业和监管机制,反而期望以观音开库的方式将危机压下去,回到

从前的金融模式去,再给金融机构一次犯错的机会。

美国政府出资拯救经营不善的私人机构本身已是违反自由经济原则的做法,担保或者买入大量房贷抵押证券,令美国库房的债务增加,结果只是延迟了金融灾难的爆发,代价是牺牲了纳税人的利益。从长远而言,只会令美元大幅度贬值。

见好就收

以下是笔者跟朋友闲谈时听到的事件，细节上可能会有些偏差。有位投资者 A 君奉行逢低吸纳的投资策略，一直做得很好，投资回报也高过大市升幅。过去几年，A 君确实赚到了可观利润。他的投资策略非常简单，当优质股份跌了 10% 就买入约 1000 美元、反弹 10% 就卖出、续跌 5% 就买入另外 1000 美元，那就是说如果股市不断下跌，A 君就不断买入，并且持有股票，等到股价回升才卖出去。

2008 年年初，A 君看到优质金融类股份价格暴跌，于是趁低吸纳。在 A 君心目中，金融类股份是优质股，值得买入。结果，2008 年 9 月，可动用资金约 5 万美元全部被死锁在金融类股份中。平均每只股份投资约 1 万美元。金融类股份之中，很多已下跌超过 60%，一直没有升回最初购入的水平，要是 A 君在此时抛售全部持有的股份，亏损是总投资金额的 60%。笔者并没有夸大，因为 A 君的损失包括手续费，而且大市跌到将近谷底时已无资金入市了。10 月初，A 君的投资组合进一步贬值，可以说是损失惨重。

A 君的投资策略在市况好时才行得通，到了市况恶劣而且股价持续低迷时，损失会非常大。主要原因有二：第一，他没有止赔。第二，他没有理会市场情况与基本因素，只是看到股价下跌就入市吸纳。

香港投资者也喜欢用这样的投资策略，名为分段吸纳或者冲淡股价。老实说，市况好时，任何投资策略，买什么股票都赚钱。到了市况差，股价持续低迷时，投资策略的得失才会显露出来。

  2008年金融海啸之中，几乎所有直接或者间接投资股市房市的人都蒙受了惨重损失。有些人将投资分散到欧美日和新兴市场去，以为这样可以对冲风险，结果是全部市场一起暴跌，损失和投资单一市场差不多。将投资分散到不同行业的人，也是一样惨淡。以基金为主的保本投资策略更是严重亏损。

  除非持有大量现金或者国库债券，即使分散投资或者用各式各样的投资策略，结果都会差不多。实事求是地说，资产的比重之中，绝大部分是现金或者国库债券，只能算是积蓄，不算是投资。能够在这次事件中得益的投资者非常少。可见，重视投资策略，不如重视投资时机。由此可见，见好就收才是投资的最佳策略。

货币市场基金

为了要让读者明白到世纪金融风暴的猛烈程度,笔者举一个例子——"打烂大银"。

20世纪70年代,香港人的主要交通工具是公汽。乘搭公汽要有零钱,所以很多人在茶餐厅结账时顺道兑换一些零钱。最常见的情况是拿出一个一元硬币叫收银的先生"打烂",意即给我一元的零钱。

在华尔街,"打烂大银"(Breaking the Buck)代表货币市场基金跌破1美元面值。这是华尔街大灾难的代名词。

美国人钟情基金投资,各主要大街和商业区都有不少办公室写明是"MFT",意即证券投资基金交易员。将钱存入投资户口的时候,实时全部投入货币市场基金。货币市场基金的运作是保持面值1美元,即每单位市场基金以1美元价位买卖。利息是介乎银行定期存款和证券投资基金的回报之间,约为3%~4%。货币市场基金是美国人的主要储蓄和投资工具,也是美国资本市场和金融机构的基本融资来源。货币市场基金的总市值约为34 500亿美元。

笔者以前在美国的银行有个投资户口,曾经有很长一段时间持有相当数量的货币市场基金,约为投资组合的30%。笔者有个习惯,存放一些现金在投资户口中,等待时机成熟再购入一些优质基金或者股票。投资户口的现金会被投入货币市场基金,投资者没有选择。当时,这样做也是个好方法,有高于定期存款的利息,又可以随时动用。问题是这些货币市场基金没有联邦存款保险公司(FDIC)的保险,换

句话来说,投资者只能全然信任证券行。还有,货币市场基金声明不保证单位价值能保持在 1 美元。

根据美国法律,货币市场基金只能作低风险投资,所以投资态度非常审慎,一直是市场上最安全的投资方式之一。过去数十年,货币市场基金信誉良好,长期保持合理回报,当然也保持在 1 美元的价位。可是,2008 年 9 月,两房、雷曼和 AIG 相继倒下,股票价值纷纷暴跌。这些股票都是货币市场基金的至爱,货币市场基金顿时受到牵连。

储备管理公司(Reserve Management Corp.)在 9 月 18 日宣布旗下两只货币市场基金(分别为 Reserve Yield Plus 及 Reserve Liquidity),已跌破 1 美元面值,即华尔街俗称的"打烂大银"。这是历史上第二次有货币市场基金跌破 1 美元面值,上一次是 1994 年。但是,1994 年那次"打烂大银"的惨剧只是一群银行家受害,每美元输掉 4 美分,个人投资者没有受到影响。个人投资者在货币市场基金输钱,这是头一遭。

投资者惊闻货币市场基金跌破 1 美元面值,表现得惊慌失措,纷纷开始赎回。货币市场基金挤提潮极为猛烈,单是 2008 年 9 月 17 日一天内,投资者就从货币市场基金处抽掉 890 亿美元。由 9 月 10 日至 17 日的一星期内,货币市场基金失去了 5% 的资产,共计 1690 亿美元,也是货币市场基金前所未有的情况。

同日,普南投资管理公司(Putnam Investments)的货币市场基金虽然没有跌破 1 美元面值,但是因为遭遇投资者大量赎回,即挤提的情况,而无奈地关闭了市值 120 亿美元的货币市场基金。这是货币市场基金成立 38 年以来首次出现的挤提。

因为货币市场基金的存亡关乎到环球金融市场的完整性和稳定

性,美国政府被迫拔刀相助。翌日,即 2008 年 9 月 18 日,美国财政部宣布从外汇稳定基金内动用 500 亿美元为证券投资基金,包括货币市场基金,提供为期一年的保障计划,保证基金的偿付能力。

美国梦

所谓美国梦,一般而言是指在美国拥有房产。美国人的置业态度与香港人不一样,但是置业的热情一样。过去几年,很多美国人以为买房子是致富之道。

2004年开始,美国房价大涨,但是到了2008年,在很多地区的房价都已经打回原形了。

以过去数十年计算,房产的升值幅度只赶得上通胀,从金融或者会计角度而言是无利可图的投资。购买房产时的减税政策不适用于低收入的人,很多人听说置业可以减税所以才买房子,最后因为收入低,以一般报税方法申报所得税比较划算,买房子之后,一点税务减免都没有。拥有房产要支付物业税和保险等费用,每年费用约为房产价值的2%,这还是未计算维修费用的。购买房产时要支付1%佣金,出售时要支付6%佣金。最优惠房贷的利息还高于6%。有人以为房价下调,买房比租房更划算,可是另一方面,租金也跟着房价下调。最后,仍然是租房子比买房子划算。

2008年10月,以美国的房价而言,仍然不是理想的投资。想要在美国置业赚钱,相信暂时仍然有很大困难。金融海啸的根本问题在于房市,要彻底解决美国的金融问题,就要让房价回到值得投资的水平。

□图中的房屋是位于北加州戴维斯市的高尚住宅区,2008年年中才开始看到这个住宅区内的房屋前面竖立招售牌。现在,这样的招售牌已经成为了美国街景的一部分。任何住宅区内,招售牌随处可见。而两年前,即2006年之前,是很难在高级住宅区看到这样的招售牌的。

杠杆比率太高

被誉为财经界最了不起的投资者，美国股神巴菲特将金融衍生工具称※为"金融业大杀伤力武器"。衍生工具和其他投资产品相比，主要不同之处是杠杆比率※很高。杠杆比率升高，风险也跟着升高。

2004年，贝尔斯登、美林、高盛、雷曼兄弟和摩根士丹利联合向美国政府要求将1:12的投资杠杆比率法律限制提升到1:40。美国政府批准投资银行的要求之后，投资银行开始大幅度提升投资的杠杆比率并放弃原来的债券市场运作。

以雷曼为例，受到放宽杠杆比率的刺激，雷曼放弃了原来的债券市场运作，将主力投入到高风险的地产相关业务。2004年及2007年的股价和盈利都创了新高。2004年至2005年，投资金额急升至资本额的31倍。杠杆比率越高，风险越大，只要投资组合的价值下跌3%，雷曼的资本就会化为乌有，被迫宣布破产。雷曼高层根本不应该从事如此高风险的高杠杆投资。可是，高层人员在公司提供的巨额花红和福利的利诱之下，忽视股东的钱和公司的命运，一心一意投

※金融衍生工具

注：金融衍生工具（financial derivative），也叫衍生金融资产，金融资产的衍生工具是金融创新的产物，也就是通过创造金融工具来帮助金融机构管理者更好地进行风险控制，这种工具就叫金融衍生工具。目前最主要的金融衍生工具有远期合同、金融期货、期权和互换等。

※杠杆比率

注：杠杆比率，即Leverage Ratio，杠杆比率的公式为：杠杆比率=(正股价/权证价格)×行权比例。公式中的行权比例是指一份权证可以购买或出售的正股数量。乘以行权比例是为了把权证折算成对应1股正股的"标准权证"。杠杆比率主要用来衡量买入一股正股的资金，可以买入多少股对应的权证，反映的是权证价格与正股价格的比例关系。

第二章 世纪金融海啸

入高风险的短期投机活动,为赚取更多花红和数之不尽的福利。股东因为支付了太高薪酬给高层人员而使他们堕落,最终导致自己血本无归。

华尔街大户从事高风险高杠杆投资多年,赚取了巨额利润,高层人员的薪酬也相应地提高。他们的巨额报酬,是美国体坛和好莱坞影坛以外前所未闻的金额。

共和党总统候选人麦凯恩说得好,"2008年金融风暴的起因是贪婪"。中国人的谚语也说得好,"贪字得个贫",贪婪会带来贫穷,果真应验。

金融衍生工具是杠杆比率极高的玩意,华尔街大户当然对衍生工具情有独钟。市场上的衍生工具越来越多,风险越来越大。2008年年中,全球衍生工具的总面值估计超过了500万亿美元(资料来源:The size of the world stock market is estimated at about $36.6 trillion USD at the beginning of October 2008 [1]. The world derivatives market has been estimated at about $480 trillion face or nominal value, 12 times the size of the entire world economy.)。其中,不少是高风险的衍生工具,例如62万亿美元的CDS。

笔者不明白为何各国政府容许金融机构发行并向公众出售这些极高风险的衍生工具,更加不明白为何这些衍生工具达到500万亿美元的规模,各国政府仍然坐视不理。香港股民爱玩窝轮*,即名为认购证的衍生工具,以少博多,以弱胜强。股市大上大

※窝轮

注:窝轮,香港市场上存在一种风险极高的投资产品,俗称"窝轮",实际上是英文"warrants"的译音,其专业的名称应该是"认股证",而新闻媒体上常提到的是备兑认股证和股票认股证,同时也是香港市场上最为常见的两种,备兑认股证是衍生认股证的其中一种,而衍生认股证是则是认股证的一种,认股证还包括股票认股证,而它本身则是期权的一种。

落时,窝轮类似赌场的轮盘,发行这些窝轮的金融机构与经营赌场者无异,买入窝轮的投资者则与赌徒无异。

这也说明了为何区区15 000亿美元的次贷证券会引发如此庞大的亏损,对金融业构成如此沉重的打击。很多投资者在2008年的一年间,几乎把财产输光。

自从金融海啸爆发之后,金融机构倾向于降低杠杆比率。这样做可以降低做生意的风险,但是,同时也降低了机构的盈利能力,对股价及集资都构成了不利因素。

投资银行末日

美国的投资银行与一般银行的分别在于不能接受公众存款。接受公众存款的银行受到美国政府和法律条例的监管，不能进行风险极高的业务，更加需要保持充足资本，资本额约为8%。

美国的投资银行以直接借贷方式，即发行债券或者其他票据筹集资金。由于投资银行可以进行高风险业务，市场环境好的时候，回报会相当具有吸引力。市场环境恶劣时，情况就非常困难，因为投资银行一般的资本额只有约3%，而且缺乏公众存款的资金来源。

2008年3月，贝尔斯登陷入困境，需要美国政府出面担保才能成功卖给摩根大通。当时，所有人都意识到投资银行的末日将至。投资银行一边从事高风险、高杠杆、短线投机活动，另一方面没有稳定的资金来源。当手头上的证券，例如次贷证券无法脱手时，资金周转会即刻出现问题。这就是美国5大投资银行先后出现危机的原因。

世纪金融风暴改变了华尔街的制度和营业方式。在证券业高坐盟主宝座的投资银行从华尔街消失是最明显的转变，见证了世纪金融风暴的冲击。

经此一役之后，再也没有投资者对投资银行的债券感兴趣了。投资银行的发债和发行股票行动都失去了信誉，除了向美联储借钱之外，资金来源完全断绝。

美国财政部长保尔森眼见美国5大投资银行已倒下3家，另外两家出现危机，于是在2008年9月21日宣布让这两家投资银行转为可以收

取客户存款的一般银行。至此,美国投资银行的一段光辉历史告终。

有了存款银行的资格,摩根士丹利和高盛可以吸纳存款,不必再发行债券了。因为它们的存款得到联邦存款保险公司承保10万美元以下的存款,存户不必担心银行倒闭而遭受损失。如果摩根士丹利和高盛以迷你债券的利息,即5%的利息来吸纳定期存款,笔者也会存钱进去。

美国失去投资银行之后,美国经济霸权也少了一组有力的棋子。以往,世界各国银行的业务相当保守,因为它们运用公众的存款做生意,绝对不能有很大风险。美国的投资银行和对冲基金都不向公众集资,只是私募资金,所以受到政府的监管很少。有了这组其他国家没有的棋子,美国打开了金融业向外扩张的大门。进取的美国投资银行经常击败较为保守的外国银行,在经济上占尽优势。

中国如果能够成立类似投资银行的机构,可在国际舞台上占领当日欧美日的金融市场,大大提升中国金融业在国际上的地位和盈利能力。可是,有利必有害,投资银行的业务有很大风险,必须由合适人才处理业务。暂时,中国的财经专业人员还未达到这个水平。

中国要在国际舞台上与欧美日诸国一较高下,应该从反贪污和培养人才开始。要是中国仍有像现在的贪污问题,很难在短时间内,在经济上有重大进展。

金融小故事——花旗寿星婆自轰

2008年10月,美国俄亥俄州一位90岁妇人在收楼过程中,遭到警员强行带走。结果,老太太朝自己开了两枪。两日后,进行收楼程序的次贷放款人,即房利美宣布放弃追索权,将房子的拥有权退还给了那位老太婆。

可惜,老太太因为向自己胸部开了两枪,生命危在旦夕。说不定,她永远不会知道次贷放款人已经放弃了贷款的追索权。

美国人开始质疑次贷放款人的收楼方法会否过分暴力,或者完全忽视被收楼人的境况。还有警员将一位无亲无故的90岁老婆婆拖到街上,让她无家可归,自生自灭。这样做等同于将老婆婆逼上绝路。

更加惨痛的情况发生在洛杉矶。2008年10月6日的新闻报道,一位失业汉开枪击毙了岳母、妻子及3个子女之后开枪自尽,遗书上写着是因为受到经济困境影响而出此下策。更让人扼腕的是,这位失业汉还拥有财务学的硕士学位!

最坏时机

　　世纪金融风暴在 2008 年 9 月中进入危险时期。这时刚好是美国总统选举白热化时期，快要离任的总统布什只想将世纪金融风暴压下去，不让它在自己任内酿成大祸。民主党候选人奥巴马趁共和党总统在经济上失策时，大举攻击共和党及其候选人麦凯恩。由于美国社会的种族分化严重，奥巴马大打种族主义牌，刚好美国黑人受到次贷风暴的冲击比其他族裔更严重，本来已经严重的种族分化就更加激化了。奥巴马得到了 79% 黑人选民的支持。

　　共和党候选人麦凯恩反过来打性别牌，因为奥巴马放弃了拥有 1600 万民主党选民支持的女性参选人希拉里，给人性别歧视之嫌。麦凯恩则选了女性州长佩林为竞选伙伴，大举反攻，得到白人女性选民的支持。两党旗鼓相当，把美国撕为两截，政治上无法统一。

　　美国要对抗世纪金融风暴的话，一定要在决定性的时刻团结国家，一致行动。可惜，在此关键性的时刻，美国偏偏是分化最严重的时期。

　　两党在经济问题上互不相让，互相指责。总统是共和党，国会却由民主党控制，双方都有责任，双方都可以指责对方。可是，两党的目标却是要争取选民支持，不是真心解决摆在眼前的经济问题。因此，大家都主张减税，因为选民一定喜欢减税。依照两位候选人发表的政纲，麦凯恩如果当选又履行减税承诺的话，任内(只计算一任)的减税金额约为 5 万亿美元；如果奥巴马当选的话，他的减税方案会在其任内(只计算一任期)减少税收 3 万亿美元。

第二章 世纪金融海啸

这也难怪,两位候选人只是为了争取选民支持而订立了自己的经济方案,方案是否切实可行并不重要,赢得总统宝座才重要。选民对于解决美国整体经济问题毫无兴趣,只着眼于眼前的福利和解决个人经济问题。

当美国财政部长保尔森向国会递交了一份只有3页纸的提案,要求国会授权财政部长保尔森无限制、法庭不得审查、无任何监察地运用7000亿美元,购买美国金融体系内的非流动性资产时,共和党和民主党的分化立即暴露了出来。民主党议员联合起来支持共和党的总统,共和党议员却发生内讧,反对总统及财政部长提交的议案。最后,共和党议员抵制议案,令美国国会在2008年9月27日星期六召开紧急会议,希望能在亚洲地区星期一开市之前通过救市法案。

2008年9月29日,美国众议院以226票反对和205票赞成的票选结果,否决了该议案。虽然议案得到了两党首领支持,但民主党众议员之中有40%的人反对该议案,共和党则有60%的人反对。这次表决犹如两党联合内讧,其后在白宫的闭门会议中更传出两党互骂和共和党议员抵制等情况。会后的记者招待会上更是完全无法达成共识。

接着,保尔森在原封不动的议案中加入1500亿美元的中产阶层和企业减税条文,然后交到参议院。拯救议案在2008年10月1日星期三晚上获得了参议院通过。议案获得参议院通过后,美国总统和财政部长要再次游说众议院的议员。10月3日,议案终于在众议院获得了通过,但是已经显示了美国政局之混乱。世纪金融风暴在美国政治最混乱时进入危险时期,可真是天意。

美国政府用人不当

7000亿美元的救市行动，买入的是金融业的不良资产，主要还是些已经没有流通性的担保债券凭证CDO※。在美国总统布什宣布向国会提交7000亿美元购买不良资产的方案前几个星期，投资银行美林就出售了310亿美元的CDO。售价的折扣高达80%，即1美元面值的CDO只卖20美分，还要向买家提供75%融资。这批CDO实际上是每美元面值只值6美分。要是美国政府真的用这个市价买入金融业的CDO，相信很多银行和基金无法承担巨额呆账的后果而需要宣布破产。

另外，这次救市行动法案的草案是授权美国财政部长保尔森全权运用这笔最多为7000亿美元的资金，购买金融业的房贷抵押证券。其过程不会受到监察或者审查，法庭更加无权过问。这其实是毫无保留地动用公债权力的表现，后来修改为保尔森与美联储主席伯南克两人同意下，保尔森可以动用这笔资金购买任何认为有助稳定金融业的资产。那就是让保尔森有权以纳税人的钱买入断供，或者停付的汽车分期付款及信用卡坏账等，房贷的法案给了保尔森更大的权力。

※担保债权凭证

注：担保债权凭证,Collateralized Debt Obligation, 简称CDO, 资产证券化家族中重要的组成部分。它的标的资产通常是信贷资产或债券。CDO是一种固定收益证券,现金流量的可预测性较高,不仅提供投资人多元的投资管道以及增加投资收益,更强化了金融机构的资金运用效率,转移不确定风险。凡具有现金流量的资产,都可以作为证券化的标的。

第二章 世纪金融海啸

有传闻说,保尔森想以面值购入全部次贷证券,拯救银行,这其实等同于将钞票从库房搬到华尔街去。他要求以无上权力运用7000亿美元救市,即使法庭也无权过问,目的就是要将钱无偿赠送给华尔街的旧相好。如果法案附带监察或者法庭审判权,保尔森将无法向银行送赠金钱。

保尔森对付金融风暴已经历时13个月,证明了他的无知与无能。试问,如何能够将此拯救全球金融危机的重任和动用7000亿美元的至高无上的权力交给这样的人?

美国政府任用庸才已经司空见惯,美国证券交易委员会(SEC)的负责人哈维·皮特正是金融界最低能的管理人。科技网络股泡沫和安然事件都在他的任内发生,明显是他监管不力造成,可是他却仍然安坐证券交易委员会负责人的高位,跟着下来,皮特闯下这次金融海啸的弥天大祸。难怪共和党总统候选人麦凯恩说如果他是总统,必然会将皮特革职查办。他强调说,当年安然案曝光之后,他已主张撤换此人,无奈,历任总统都将此人视为心腹。如果皮特的监管能力能向他的公关能力看齐,这场金融海啸也不至于发生。

笔者想说明,根据美国法例,美国总统无权开除证券交易委员会负责人,因为美国证券交易委员会在法律上不是美国政府机构,而是立案法人。相信麦凯恩说这句话的时候,也只是逞一时之气而已。

说到政府用人不当,香港绝对比美国好不到哪儿去。雷曼兄弟宣布破产前几个月,雷曼在香港经银行发售了迷你债券。香港的银行以硬销手法力推雷曼的迷你债券,由于香港人对美国的情况不熟悉,为了那区区5%的利息而大量买入债券。到了雷曼宣布破产时,人们才

得知受骗,这才走到街上抗议。

笔者不明白,为何香港的证监人员和财政司不插手干预金额高达250亿港元的投资银行迷你债券的销售及发行。笔者执笔时,即2008年10月初,政府估计,迷你债券的价值会损失约40%。他们明知雷曼出事,又知道雷曼在香港发行迷你债券,还任由无知的市民将毕生积蓄搭进去,结果损失将近一半,而且还有一段时间无法赎回。政府官员的失职实在难辞其咎,却以一句话"同情小投资者"便想了结这件惨案!更令人气愤的是,同样的政府官员在几乎同一时间发生的银行挤提事件中,采取了火速行动,实时表明立场支持东亚银行,并且注资38亿港元于银行体系。香港政府财经管理官员的素质如何,可想而知。

美国政府为何要救市

美国政府的救市行动,等同于将资金由库房转到华尔街大户那里去。笔者为什么这么说?华尔街大户高层在过去几年营造虚假的盈利,骗取巨额分红和报酬,到了业绩出了问题时,大户向政府伸手要钱,政府就将库房的钱送到华尔街去了。

笔者身为美国的纳税人当然看不过眼。美国纳税人都想知道为何美国政府要动用万亿美元救市,按理说生意失败的机构应该倒闭才对。美国政府用纳税人的钱,注资经营不善、罔顾风险的金融机构,如何能令纳税人心服?

这还不算过分,美国政府动用纳税人的钱支持不合理的房价,让纳税人难以置业。虽然美国的房价已经有相当大的跌幅,但是美国纽约市曼哈顿区的房价,仍然超出了一般人的购买力,曼哈顿区的住宅单位价格全部高于100万美元。美国加州旧金山的房价单位价格仍然高于50万美元。美国政府应该趁着金融风暴的机会,让房价自然地得到调整。

美国政府救市的另一原因,是想增加市场上的资金,让想借钱的人更容易借钱及降低借钱的费用。这样做无疑是将装满子弹的机关枪交给杀人狂魔。美国人喜欢借贷度日,这次金融风暴的发生正是金融机构将钱借给不应该借钱的人造成的。降息和增加市场上的资金无助于解决金融风暴,反而会令金融风暴拖延下去。

说到商业机构融资困难,美国在20世纪80年代初期经历过更严

峻的信贷紧缩，但有实力及有盈利前景的商业机构仍然能够生存下去。

大家都知道自由市场有自我调节的功能，政府不停地干扰市场运作，企图用纳税人的钱保障华尔街大户的利益，必定会扰乱自由市场经济，后患无穷。

这次金融海啸的过程必定会是个苦尽甘来的过程，即要是不吃掉这些苦头，甜头就不会来。美国政府的救市也只是尽量拖着，不让人吃苦而已。金融海啸带来的痛苦会因为时间拖长了而将更加惨痛。

社会进步 = 放弃工业

除了高科技工业之外,工业是投资大、回报少的生意。当一个国家或者地区发展到工资及生活水平高至难以继续容纳工业时,经济就会转型。香港是最佳的例子。

香港早期的经济是以轻工业为主,商业金融为辅。由 20 世纪 70 年代开始,香港轻工业式微,曾经是世界主要棉花消耗国之一、及拥有 100 万环锭*的香港纺纱业首当其冲。其后,棉织业和漂染业也跟着棉纺业向北迁移。香港放弃了纺织漂染之后,制衣业尚能维持颇佳业绩。20 世纪 80 年代,制衣业也开始向北迁移,到了 20 世纪 90 年代,香港纺织制衣业可以说完全微不足道了。唯一能够维持下去的只有与纺织业相关的贸易,即行内人说的跟单或者销售规划(Merchandising)。到了 2000 年以后,连这一点点生意最后也都北移了。

此时,香港由轻工业经济转型至服务业为主的经济。美国和日本的情况也差不多。当工资及生活水平提升时,赚钱少的轻工业及劳动力密集的行业自然会失去生机,慢慢被淘汰。

20 世纪 80 年代初期,笔者在香港理工学院修读纺纱时,曾经在课堂上提及这样的转型。可是,当时的讲师,也是我们的系主任,直截了当地否定了这样的情

※环锭
  注:环锭纺纱,ring spinning,是现时市场上用量最多,最通用的纺纱方法。

况。他说英国的生活水平极高,仍然有纺织业。笔者其后搜集资料,发现系主任所言正确,英国当时确实有相当规模的纺织业,但主要是接国防部订单。

没有了工业之后,失业率会上升,外贸赤字会增加,这样的转型会带来可怕的经济后果。但是,事实证明并没有发生这样的后果,原因在于发达国家都有在外国投资,投资有可观的回报。正如香港的工业向北迁移之后,初期会将香港的专业人才带到当地,将利润带回香港。另外,香港人在股票市场上购入中国内地企业的股份,安坐香港享受中国内地的工业成果。

至于就业方面,发达国家的服务业,例如转口※、金融、教育、医疗、餐饮、酒店、旅游、交通、物流等都有大量工作岗位,足以取代失去的工业工作岗位。

以日本为例,战后的日本是主要的工业产品出口国,出口带来庞大的贸易盈余。经过一段日子之后,日本的生活水平提高,工业开始萎缩。2006年,日本开始出现贸易逆差,但是日本持有大量海外有价证券,海外投资获利是贸易收益的1.5倍。各发达国家都有相似的情况,美国可说最为明显。用更加简单的话来说,发达国家通过在落后国家(即发展中国家)的投资剥削落后国家,因此落后国家永远落后,发达国家永远发达。因此,大部分发展中国家根本没有经济发展,赚多少钱都被运到发达国家去了。

※转口

注:转口,是一个经济学的概念,指任何货品或消费品,从船运或其他运输方式离开生产地,而运到本地后再转往第三地,主要用作贸易和销售用途。转口货品或服务是指由一个地方的生产商提供给另一个地方的消费者。商品经过一个港运到另一个港口或通过一个国家运到另一个国家,即为转口贸易。

这样的情况维持了很长一段时间,发达国家减少出口、增加进口,但是经济仍然保持着强劲增长。而落后国家若不增加出口的话,会立即出现经济危机。

2008年金融海啸改变了这一情况,发达国家的投资损失惨重,银行、保险公司、证券公司等等相继陷入困境。因此,欧洲各国、美国和日本等国家出现严重经济问题。发达国家无法通过财技在落后国家予取予携地拿走别人的劳动成果,反而因为财技欠佳,损失了投资的资本。在失去这笔不劳而获的收入之后,发达国家会陷入经济衰退。

同样的,香港的投资者投资于中国内地企业,本来可以在中国内地的工业发展中分享得益。怎料到,2008年年中,中国内地股份的股价对比高峰期大跌了63%。除了无法分享内地企业的得益之外,更加损失了投资的资本。

企业越大越好？

20世纪90年代开始，全球出现了大量的企业合并。财经专家们确认大企业能够分散投资，企业越大、风险越低。因此，美国银行业不断进行收购合并，将业务扩展到以前没有涉足的行业中去。这样的全方位扩张，可说是前所未有的。例如全球最大的保险公司AIG，就拥有私人租赁飞机服务，很难想象保险公司会从事这样的业务。

美国的花旗集团扩张迅速，不断膨胀成为超级大企业。财经专家们没有考虑到超级大企业有不同业务之间会互相拖累的情况，更加没有想到金融海啸爆发时，大企业会最先倒下。分散投资确实风险较低，但是并非完全没有风险。以AIG为例，CDS的损失祸及整体业务，最后被政府接管，大企业竟然因为一片枯叶而害死整棵树，相信这是财经界专家们始料不及的事情。

2008年金融海啸发生之后，财经界明白到金融机构是越大越差，当年的收购合并是千错万错。于是，各大金融机构开始寻求方案分割业务，将好的业务和坏的业务分开。大机构为了避免在金融海啸中遭受灭顶之灾而拼命分拆，突然间出现分拆的浪潮。即使没有分拆的金融机构也开始收缩业务，例如2008年6月，花旗集团宣布在投资银行部门裁员6500人，这次裁员会令花旗集团失去了整个国际交易部门。

降息的魔咒

香港投资者在息率问题上极为盲目，完全忽视其他因素。有些人对笔者前作《次贷风暴高清面目》批得非常狠，因为书中内容说降息不能救市。该书出版之后不久，美联储连番降息，市场反应良好，股市大升。香港的投资者因此断定降息救市成功，可是笔者仍然坚持降息不能救市的看法，在几乎所有人认定次贷风暴已成过去的时候，笔者又出版了《次贷风暴最坏面目》，这本书令笔者一度成为部分香港投资者的笑柄，然而事实一再证明我的看法没有错，我所推断的经济发展态势一一应验。这件事只能充分反映出，香港投资者是如何被"息魔"迷惑的。

有些人在论坛上批评笔者没有考虑降息因素，只是将次贷风暴夸大；有人更是直言，只要美联储决心降息，次贷风暴就会完全消除。对这些人来说，利率主宰着市场上的一切。

在部分香港投资者心目中，降息就是入市信号，所有其他数据与危机都可以忽视。香港时间，2008年10月8日，美国降息0.5%，香港投资者认定降息周期开始，于是大举入市。2008年10月9日，香港股市在外围大幅度下泻的时候，逆市大升511点。

翌日，美股大幅下挫，道琼斯指数大跌645点，跌穿9000点的心理关口，收市报8612。不要说美股了，港股大升511点当日，日股和台股也下跌了。

2008年10月9日，刚开市的时候，笔者接受电视台访问时已经指

出,降息作用不大。美联储的利率只有2%,减至1.5%,和日本的息差只有区区1%,不足以维持日本资产留在美国。日元相对美元急升,再降息的可能性已经不大。即使美国再降息,能降多少?何以香港投资者会在如此情况下,看到降息0.5%就疯狂入市,有如飞蛾扑火?笔者只能用"中了魔咒"来形容。

笔者的原则是不提供投资意见,但是总要破例一次。以下是笔者的一点点意见:如果你曾经纯粹因为美联储降息0.5%,而且不理会任何经济情况,将大部分积蓄投入股市,无论这次投资的结果如何,笔者认为你可以考虑完全及永远退出股票市场。

若有任何冒犯之处,敬请原谅!

第三章：
细数金融海啸

　　本章讨论了很多传媒或者财经分析员忽略的信息，以及笔者有独特理解的话题。对于喜欢看不同意见的读者，这一章是极具价值的参考数据。

第三章 细数金融海啸

金融海啸来势之急，发展之快，是 70 年来的金融危机之中前所未见的一次。转眼间，局限在美国金融业的危机，扩散到全球各地的各行各业。美国及各国财经金融监管官员反应之慢，也是前所未有。财经分析员对急转直下的金融情况茫无头绪，大部分只是跟着新闻或者市况转变而睁着眼睛说瞎话。

投资者突然盲目起来，股市有时大起大落，有时完全失去方向。部分金融机构传出亏损的坏消息时，仍有投资者竟然抢购这些公司的股份。公布严重亏损竟会令股价上升，可见投资者已严重迷失方向。

传媒的报道又莫衷一是，经常出现莫名其妙或者互相矛盾的财经新闻。最明显的例子是 2008 年 9 月底，美国总统及两党领袖宣布同意 7000 亿美元救市方案，香港有些传媒的报道认为救市方案很有可能会通过，甚至已经开始讨论救市方案通过之后的市场反应。在此一片救市方案即将实行的声音之中，传媒却报道了救市方案被众议院否决的消息。

央行降息

金融海啸中,最有趣的是10月初,各国央行联手降息。最先降息的国家是澳洲(即澳大利亚),于2008年10月8日大幅降息1%。跟着,美联储降息0.5%。日本只有0.5%利息,已是减无可减,只能维持息率不变。

降息的原因不在于拯救股市,而是为了防止外国投资者将本国股票市场看成提款机。如俄罗斯果断地停市,目的正是要防止欧美日等国家将俄罗斯股票市场看成紧急提款机。

先看看不能降息的日本。其股市暴跌,跌得比美国还要惨。

日经指数走势图

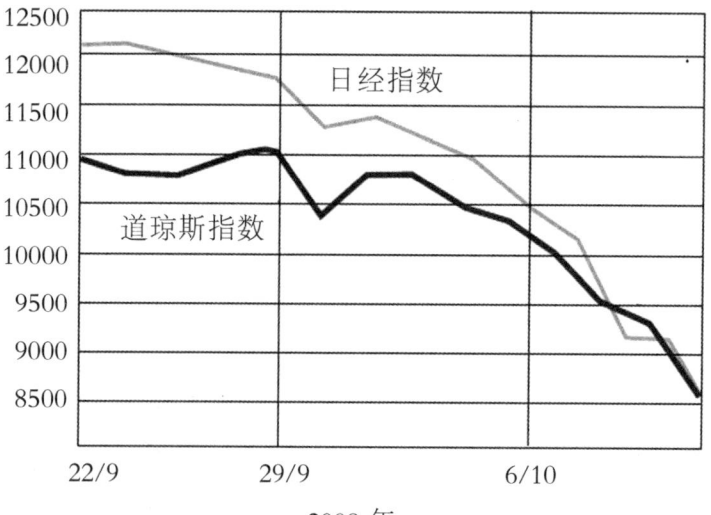

2008年

由上图可见,日经平均指数由9月22日约12 000点,跌至10月10日,只有约8500点,跌幅约30%。将日经指数和美国道琼斯指数比较可见,道指由9月22日约11 000点,跌至10月10日,只有约8500点,跌幅约为23%。

自从金融海啸爆发之后,日元明显转强,2008年10月10日,1美元能兑99.44日元。美国在全球各地都有资产,美国金融机构要从海外提取资产汇回美国,解决机构内的问题。最好的提款地点当然是汇价上有利益的国家,例如日本和澳洲等国家。

澳洲看到欧美各国想从澳洲撤资,澳洲央行立即降低利率1%,并且压低澳元汇价,阻止外资撤离。欧洲国家看到澳洲的行动,知道美国会转过来想从欧洲撤资,欧洲央行也立即降低利率,压低欧元汇价。这样做可以令想撤资的美国公司知难而退,即使他们强行撤资,也将要付出高昂的汇率折让。当大家一起降息的时候,日本无法跟随,于是汇价被抬高,各国一起从日本抽调资金回国。就是这样,日本股市跌幅比较大,而且情况也比较恶劣。

美国因为撤资的原因,美元汇价被推高,于是开始降息,企图阻止欧洲资金撤离美国。日本企业最可怜,他们无法从海外撤资,因为日元汇率急升,要撤资就要付出沉重代价。正因如此,各国央行要阻止资金外流而降息,以及尽量压低本国货币的汇价。

各国央行降息的主要目的并非拯救股市。正是因为大家都明白到这一点,各国央行联手降息,对股市的刺激极为有限。只有香港股市急升,可能因为香港的投资者比较重视利息走势,比较忽视全球经济的实际问题吧。

市场恐慌

2008年10月10日,美股连跌7日,失掉市值20%。相对一年前的股市高位,投资者损失8.3万亿美元。以金额计算,损失之惨烈,可以说是空前绝后。

美国政府和80年前不一样,当年美国经济大萧条时,政府袖手旁观,结局非常悲惨。今天,美国政府大力救市,动用资金以万亿计,可惜就算不断救市,市场情况仍然不断变坏,可以说是越救越糟。投资者对政府救市的信心大跌,不少人宁愿亏损也不想再留在股票市场。

没有人想得到,银行惨遭挤提之后,基金也会出现挤提。如今,整个股票市场已出现挤提。笔者也搞不清楚现在是恐慌的市场,还是市场的恐慌,但是极可能是投资者恐怕市场出现恐慌而感到不安。

美国投资者向来以乐观闻名,见惯了大风大浪的日子,可是这次很多有如惊弓之鸟的美国投资者,竟然说不出自己到底害怕些什么!

有没有试过在黑夜时看到窗外有黑影闪过,突然害怕起来?你只是害怕,但是不知道害怕什么,因为你根本看不清那黑影是什么东西。现在的全球股票市场也是一样,大家都怕得要死,但是没有人知道自己到底在怕什么。

2008年10月10日,美国总统在白宫玫瑰园前发表讲话,呼吁国人不要恐慌。相信总统也不知道国人在恐慌什么,于是叫人"冷静""不要怕""美国底子厚"等等。美国人也果真相信总统的话,总统发表讲话后不久,美国股市便稳定了下来。

第三章 细数金融海啸

CDS 证券市价

2008年10月10日,7大工业国财政部长及中央银行行长齐集华盛顿,商讨信贷紧缩、市场上的恐慌性抛售,以及全球日益深化的大萧条忧虑。美国总统布什强调这是国际问题,需要各国联手解决。

除此之外,美国总统站出来说了几句话,振奋人心。总统在白宫玫瑰园的讲话,和先前国会通过的救市方案有很大分别。他说,美国财政部会购买金融机构的股份,不是单纯购买没有流通性的资产。这是美国总统第一次说美国政府会购入银行的股份。紧接着总统讲话的是财政部长保尔森,保尔森出来也说,美国政府将会购买银行的股份。

各位一定觉得奇怪,2008年9月底,美国财政部长、美联储主席和美国总统不停要求国会通过7000亿救市方案,让美国政府可以购买金融业内的非流通性资产。法案刚获得通过不到1星期,美国总统和保尔森竟然改口,说要购买金融机构的股票,对于购买金融业内的非流通性资产一事,却只字不提。

非流通性资产主要是担保债权凭证CDO和信贷违约掉期CDS。想知道它们到底是些什么东西,下一节有详细介绍。

事情非常简单,拖垮美国金融业的次贷证券之中,以CDS为最可怕。笔者在2008年4月出版的《次贷风暴最坏面目》中,第二章谈及信换危机,专题讨论CDS的问题。这本书出版之后不久,笔者因为"无中生有"创造了"信换危机"一词,而成为财经界的笑柄。可是到了9

月，全球最大保险公司、美国保险集团 AIG 就是被这个笑柄，即信贷违约掉期 CDS 给拖垮了。

言归正传，次贷证券市场已停顿一段时间，没有人知道那些 CDS 的市价是多少。美国财政部长说会运用 7000 亿美元购买那些次贷证券，包括 CDS，其实他不知道收购 CDS 的实际市价是多少。美林证券在 2008 年 7 月卖掉 306 亿美元的 CDO 给美国孤星基金（Lone Star Funds），每 1 美元面值的 CDO 只值 22 美分。CDO 总算有个市价，但是 CDS 的市价仍然是个疑问。

2008 年 10 月 10 日，已经宣布破产的雷曼兄弟的 49.2 亿美元 CDS 资产，被放到市场拍卖。每 1 美元面值只卖得 8.625 美分。那就是说，每 10 亿美元的 CDS 只值 8625 万美元。金融机构的呆账真的令人难以想象。

更难以想象的是，美国政府如何购买这些 CDS。要是用市价或者略高于市价的价格买入，金融机构虽然可以立即将账簿上的呆账去掉，但是呆账太多，极可能实时倒闭或者被迫由政府接管。要是以高于市价很多的价钱买入，纳税人一定反对，相信财政部长买不了多少，就会被国会议员叫停。

在此两难的情况之下，美国财政部长实在无法买入那些没有流动性的资产，唯有改为买入金融机构的股份，变相将银行国有化。这样做完全违反了自由市场原则，更加违反了资本主义原则。

次贷证券和它闯的祸

上一节提及金融海啸的源头——次贷证券,即担保债权凭证 CDO 和信贷违约掉期 CDS。这一节将简单地交代次贷证券是什么,和它到底闯下了怎样的祸。很多传媒或者财经书籍都无法将这个问题交代得清楚。

传统房贷是银行的房贷部主任批出房贷,将银行内的资金借给置业者。由于银行的资金来自公众的存款,银行房贷业务受到很多法律监管。

2000 年开始,美国金融业采用了创新的方法为置业者提供房贷。几乎没有政府监管的房贷经纪,以极具争议性的手法向客户兜售房贷。房贷公司将合约转售给投资银行,投资银行将这些房贷包装成结构性投资工具 SIV※。

举例来说,投资银行收集了 100 份房贷,组合成为一份 SIV,再将这份 SIV 分割成 5 份抵押债务证券 CDO。分割的方法极有创意,即用断供先后次序进行分割。也就是说,这 5 份 CDO 之中有一份会吸纳最早期断供的合约,得到的利息也最高。最后一份吸纳断供合约的 CDO 是顶级证券,当整个 SIV 的断供率超过 20% 时,才会受到断供影响而出现亏损。这些顶级 CDO 被评为 AAA 级,收到的利息较低。AAA 级的意思是几乎

※ SIV

注:SIV,Structured Investment Vehicle,由银行或保险公司等金融机构设立,通过发行短期商业票据融资并投资于包括次级债在内的高回报资产的机构。金融机构对 SIV 提供信贷额度而不直接持有股权,因此在分享高收益之余,不用合并 SIV 的资产负债表。

不会出现问题,是最优良的投资工具。除了评级AAA之外,这些CDO还附有信贷违约保险,因为以次贷为主的CDO不能得到像房利美和房地美半官方机构的担保,所以采用了新的衍生工具作为担保,那就是名为CDS的信贷违约互换证券。CDS是将房贷保险责任由保险公司或者证券公司转嫁到投资者身上。

用更加简单的话来说,CDS就是房贷保单,是可以在市场上自由买卖的房贷保单。天晓得谁人买了这些CDS,天晓得哪些人买了这些CDS的人有没有赔偿能力。

机构投资者,包括中国内地、香港、台湾和欧洲的银行、基金大手购入这些利息较高的CDO,作为固定回报的投资。投资银行卖掉CDO之后,将资金拿来做下一宗次贷,于是货如轮转。

经历了将近7年的房价急升,很多地区的房价根本是一般人无法负担得起的,以前房价急升的地区出现房价急挫,形成一些次贷重灾区。断供比率增加之下,连AAA级的CDO也受到影响而亏本。CDO神话破灭,整个CDO市场崩溃,CDO失去流通性。CDS和CDO失去流通性之后,金融机构被这些东西压着资金,信贷流程中断,引发信贷紧缩的连锁反应,即为次贷危机。

大市见"底"

大市见底是所有投资者期待的时刻,这是发财的重要时机。大市见底就会强力反弹,持有股票的人会立即发财。2008年10月10日星期五,道琼斯指数收8451点,跌掉128点。过去8日,下跌将近2400点。以整个星期计算,这个星期是美国股市历史上道琼斯指数及标准普尔※500的点数及百分比跌幅最大的一星期,很多人相信美股已经跌到极为低贱,是时候该买些优质股票了。因此,市场上大部分话题都集中在谈论这个"底"在哪里的问题上。

香港的"财经演员",即俗称的财经分析员,喜欢抛头露面说些肤浅的笑话,其中最容易令人发笑的是"甩底"笑话。某些大名鼎鼎的财经分析员,名字也就不要提了,在恒指23 000点、22 000点、20 000点、19 000点、18 000点、17 000点……时说大市已经到底,股价属于超值,值得买入及长期持有。既然说了股市见底,股市继续下跌,"财经演员"又该如何交代?他们竟然说大市破底,接着可以说连番破底,或者更简单地说破底后继续寻底。原来股市到底之后还可以破底,又可以连番破底。要是如此,这个"底"有什么意义?在不断寻"底"的应该是各位"财

※标准普尔

注:标准普尔,S&P 500,世界权威金融分析机构,由普尔先生(Mr Herry Varnum Poor)于1860年创立。由普尔出版公司和标准统计公司于1941年合并而成。标准普尔为投资者提供信用评级、独立分析研究、投资咨询等服务。1975年被美国证券交易委员会SEC认可为"全国认定的评级组织"或"NRSRO"。

经演员"。2008年10月10日,恒指一周内先后失守17 000点、16 000点及15 000点,所有蓝筹股全部报跌,金鱼缸惨变"满缸红"。根据翌日香港多份报纸的报道,在环球股市似"低处不算低"的情况下,证券界普遍已放弃为港股"摸底"。这次摸底失败,可以说令香港证券分析员们丢尽了脸。

笔者不是想泼冷水,或者以一味看淡股市的言论摧残投资者的发财大计,但是这个美国股市的"底"肯定深不可测。请看笔者的分析:

美国房市对比15个月之前,次贷风暴刚爆发时,房价下跌约30%。在美国历史上,房价下跌得如此厉害,一般需要4年时间才能复苏。要想股市复苏,金融海啸成为过去,房市一定要先复苏,房价有一定的升幅才能带动股市和金融业向好。这样的情况,最快要等4年。换句话来说,2008年10月10日道琼斯指数的8451点,应该不是最终的底部。

金融机构相继倒下,金融业不稳引发信贷紧缩,对各行各业构成了重大影响。信贷紧缩的影响才刚刚浮现,现在就说见底,似乎所言太早。2009年10月这个时候,再想这件事情,应该较为实际。

金融海啸已扩散到世界各地,造成了极大破坏,同时也扩散到了金融业以外。以现在的情况来看,首要工作是限制金融海啸的影响范围,但即使这样做也不容易,何况要在短时间内完全消除金融海啸的坏影响。根据各方面的数据,金融海啸仍在扩散中,难以估计什么时候才会完结。想估计股市的底部在什么地方,就要金融海啸停止扩散才能做得到。

《华尔街日报》于2008年10月11日报道,耶鲁大学学者罗伯特·

席勒（Robert Shiller）认为，美国股市距离见底仍很远。2008年10月10日，美股收市报8451点。他估计美股可能再跌30%~50%，美股的底部在6000点至4000点的水平之间，席勒的推算是以格雷厄姆*市盈率*作为依据的。

笔者的前作，即2008年9月出版的《大国衰落——美利坚合众国清盘前夕》（简体中文版《大国衰落——沦陷的美国经济》）中，估计2008年10月股灾，并预测道指走势的图表显示美国道琼斯指数的底部在8500点，内文提及道琼斯指数可能在10月股灾中跌穿8000点（2008年10月27日，道琼斯指数一度跌至8176点），与席勒的推算不同。预测图表是平均数，不包括短期波动。笔者的估计明显地比席勒乐观。

书中图表显示港股的低位在14 000点，但是内文提及，港股的最低位可能是8000点，也就是说港股的短期波动非常激烈，但是平均股价不会暴跌太多。可惜，笔者的估计是以放弃联汇为依据，港汇要上下浮动10%，要是香港政府坚持联系汇率，结果可能和席勒的预测一致，即要比笔者的估计差得多。注：香港联系汇率制度，是港元与其他货币采取固定汇率的制度，依赖香港庞大的外汇储备。香港是一个城市而非国家，经济自

※本杰明·格雷厄姆
注：本杰明·格雷厄姆，被称为"现代证券之父"，著有《证券分析》和《聪明的投资者》。他的投资哲学——基本分析法和"风险缓冲带"为沃伦·巴菲特、马里奥·加贝利等一批顶尖证券投资大家所推崇，享有"华尔街教父"的美誉。

※市盈率
注：市盈率，Price to Earning Ratio，简称PE或P/E Ratio，指在一个考察期（通常为12个月的时间）内，股票的价格和每股收益的比例。投资者通常利用该比例值估量某股票的投资价值，或者用该指标在不同公司的股票之间进行比较。其计算公式为：市盈率＝普通股每股市场价格÷普通股每年每股盈利。

由度高，属于开放性经济体系，联系汇率有助于稳定香港经济，降低外国经济及汇率上的波动对香港造成的冲击，也可降低与香港从事贸易及外国投资者在香港投资的风险；由于香港的原材料、食品与消费品等，大部分依赖进口，联系汇率也可稳定香港的物价。但联系汇率令香港需要跟随美国调整利率，经济体系因而较被动，未能发挥以利率调节经济与通货膨胀／收缩的作用。

经济衰退

经济衰退也是大部分美国人担心的事情。美国是否已经陷入经济衰退,早在 2008 年 5 月开始,就已成为美国财经界最热门的话题。到了 9 月,有人甚至断言美国即将进入大萧条。衰退也好,萧条也好,只是一个财经名词,对笔者来说意义不大。因此,笔者不会花时间争论这样无聊的事情。

虽然笔者无意争论美国是否已陷入大萧条,但是却很有兴趣与各位分享一下一众财经专家为此争论不休的原因。

经济衰退的定义有两个,分别是财经界的定义和一般定义。对于财经界的人来说,定义很简单,即连续两季实质国民生产总值是负数就是经济衰退。而对于一般人来说,经济衰退的定义就是经济倒退。

其实,两个定义都正确,而且广为人接受。2008 年第一季的美国国民生产总值增长了 3.3%,第二季增长了 2.8%。根据财经名词的定义,2008 年全年不是经济衰退。因为即使第 3 季和第 4 季的国民生产总值是负数,也要到 2009 年才正式进入经济衰退。

财经界专家说 2008 年没有经济衰退,但是一般人却看到经济情况每况愈下,早就认定了美国经济已步入衰退——失业率上升、找工作困难、满街都是空屋待售、零售业生意下降,从前门庭若市的餐厅,如今门可罗雀。

摆在眼前的现实就是经济倒退,完全没有争辩的必要。连财经专家也同意,经济情况大幅度倒退,但是仍有强劲增长,不算是经济衰退，只是经济差了很多而已。

各位一定觉得很奇怪，为何经济大倒退却又有强劲增长？那是因为国民生产总值的计算方法出了问题。

看过笔者以往著作的读者必定知道，笔者非常轻视经济学的公式，经常拿那些公式出来开玩笑，连得到诺贝尔奖的杰作也不放过。这次当然也不例外，照例也要拿一条经济学的公式出来讨论一番。笔者不喜欢经济学的原因有很多，其中一项就是经济学有很多叫人喷饭的理论和公式。

请看看以下国民生产总值的计算公式：

国民生产总值 = 消费 + 总投资 + 政府开支 +（出口 – 进口）

笔者不明白为何政府开支会是国民生产总值的一部分。要是一个国家不停地大量印钞票，无限制地花掉这些印出来的钱，国民生产总值肯定会急升。美国政府印了很多钞票出来拯救美国经济，钞票印得越多，投入金融市场的救灾款项越多，国民生产总值就越高。

如果将政府开支在这一项从国民生产总值的计算中去除，结果会令各位非常惊讶。但是，笔者不能这样做，因为笔者没有资格修改这条被誉为经济学金科玉律的公式。

经济学的公式和科学公式有很大分别，经济学的公式无法以实验证明其正确与否。笔者怀疑，经济学的公式之中，有多少可以称得上正确，又或者有多少可以称得上为公式。

金融海啸的起因是什么？

金融海啸的起因是因为社会上有一群贪婪的银行老板、没用的政府官员、无知的投资者，和只懂"大话西游"的财经分析员。简单直接地说，金融海啸是一大群人一起做的傻事。金融海啸的名字，听起来像是天灾，其实是人祸。

华尔街大户想拿多些分红，明知次贷生意风险极高，但是他们心里明白，今年赚到钱就能拿到数以亿计的分红，2009年出现亏损也没有问题，反正已经收了的分红不会被追讨，另外，受到银根松动和低利率的影响，因此次贷生意就越做越大了。

到了2007年，市场上流通的次贷相关证券面值，已达约1万至15 000亿美元，CDS的面值更加高达62万亿美元。世界各地的银行老板和华尔街大户一起赚快钱。美国的次贷证券卖到世界各地，成为美国向外出口的主要"商品"。

政府官员只知道帮助大商家、大企业、大银行，不理会市场实况。美国政客和政府官员在银行老板的要求下，放宽了不少法律上的限制，让那些老板们为所欲为。财经分析员和政府官员一样，照顾银行老板的需要，说一些银行老板想听的话。投资者盲目地将金钱投入股市、债市和汇市，推动了经济不正常地膨胀。

庸官的错

财经金融监管专家是为市民在金融问题上把关的专家,金融出现动荡必定少不了他们的错。很多人都知道庸官做错事,但是到底错在哪里?

笔者早在 2007 年撰写《次贷风暴高清面目》时,已经意识到金融风暴即将来临,并且预言 10 月股灾会卷走数以 10 万亿美元计的财富。可惜全球财经专家似乎没有笔者的先见之明,仍然沉醉于牛市之中。

各国财经专家在次贷风暴刚开始的时候,没有当机立断解决问题,错过了解决问题的关键时机。庸官将事情看得太简单了。到了事情发展得非常严重时,财经专家竟束手无策,每次救市都是无功而回,徒然浪费纳税人的金钱。

先让我们来看看事发的过程。

受到次贷的推动,美国房价急升,置业者虽然付出高息,但是可以在增加的房价中得益,随时可以转手图利。投资银行得到政府放宽限制,提高杠杆比率,次贷收益倍增。房贷公司和经纪收取的佣金大幅上升,财源滚滚而来。市政府、州政府和联邦政府因为房价飙升,而得到更多物业税,经济活动上升也增加了税收。到此时为止,次贷还是皆大欢喜的事情。

接着,发生的事情就不那么理想了。次贷推动房价急升,像是玩音乐椅游戏,音乐总会停下来。房价停滞时,以次贷借钱买楼的人不能以转手房屋的方法图利,供款能力较差的人会立即断供。由于房

价不再上升，置业气氛恶劣，美国人的置业意欲下降，次贷生意开始收缩。

2008年3月，贝尔斯登最终被摩根大通贱价收购之后，市场确认次贷亏损已经全数变为呆账，因为金融机构的总呆账已经接近2000亿美元。投资者进场扫货，股市确实升了一截，因此所有人都肯定次贷风暴已经过去。

美国财政部长和美联储主席知道，仍然有些金融机构有财政问题，但是他们简单地认为，只要降息和注资，拯救一些有困难的金融机构，事情就可以解决了。他们甚至天真到开个贴现窗，让投资银行用次贷证券作为抵押品借钱，以为这样就可以解决问题。问题是金融机构的资产质素下降，不是流动资金不足。单纯借钱给金融机构无法解决问题，反而让次贷危机急速恶化。

直至2008年9月初，两房出现危机时，大家才醒觉到，次贷风暴不仅没有过去，反而一直在恶化。一众分析员摸不着头脑，为何2000亿美元的亏损会令市场失去市值35 000亿美元，单是金融机构的呆账已经达到4000亿美元？美国财政部长更加觉得奇怪，为何次贷风暴挥之不去，为何越救越糟？

2008年9月中，美国国际集团AIG因为亏损过大而被政府接管，美国国际集团在CDS的损失竟然高达4460亿美元，财政部长立即意识到问题的本质和严重性。那时才知道以往没有对症下药，令情况恶化。问题并非单纯只有那些CDO的流通性和贬值，还有的金融机构在经营上也出现了结构性亏损、CDS等衍生工具的严重亏损、杠杆比率过高等。如果不及时制止CDO和CDS的亏损，金融机构将会无法

止血，信贷紧缩的问题会继续恶化下去，金融体系有实时全盘崩溃的危机，令美国陷入大萧条。

到了这个时候，金融市场已经是一个烂摊子了，难以收拾。无论美联储如何大手注资，市场还是没有预期的反应。巴黎纽菲沙资产管理公司（Neuflize OBC）基金经理人苏普瑞（Emmanuel Soupre）说得好："这（金融海啸）就像已成燎原之势的野火。起火之初的五分钟容易扑灭，可如今已烧了一个小时。"

第三章 细数金融海啸

美国民意

美国民意反对7000亿美元救市方案。当保尔森于2008年9月向众议院提出救市方案时,美国人的反应非常强烈。众议员接到成千上万的反对电话和不计其数的反对邮件。有些香港人不明白,为何美国人不赞成救市方案,难道他们想美国经济崩溃吗?

保尔森的7000亿美元"解救"(Bailout)议案,直截了当地出卖了纳税人,将纳税人辛辛苦苦赚回来的钱平白地送到出卖股东和客户的华尔街大户手中。保尔森只是游说了美国总统、副总统、国会发言人、美联储主席和两大政党领袖,以得到他们的支持,没有向美国的平民百姓解释自己的提案。保尔森多次用纳税人的钱解救华尔街大户之后,纳税人明白到,伯南克和保尔森在此事上铸成了大错,已经对解救方案失去了信心。再说,那些华尔街大户高层人员罔顾风险,投资失败,纳税人并没有出钱搭救他们的义务。这些人赚到钱的时候,收取数以千万美元计的分红,数以亿美元计的期权。不少纳税人更乐意见到支持这些高层人员的股东遭到金融海啸灭顶之灾。

以财经角度而言,美国有三类平民——

1. 将至退休年龄的人:拥有不少个人资产,他们在这次金融海啸中,损失不菲,对于保尔森的方案没有好感。对他们来说,什么救市方案都已经太迟。最惨的一群是2008年10月时刚好70岁的美国人,他们被法律限制,必须卖掉所有股票和基金,被迫在股市最低迷的时候,贱价卖掉手头上的股票,无论日后股市升与跌,对这些人来说意义已经不大,他们当然反对救市方案。

2.中年人:拥有的资产不多,但是对美国的国债情况非常担忧,因为他们是最终偿还国债的人。美国国债累累,单是 2008 年财政赤字就有 5000 亿美元,伊拉克军费还没计算在内。先前救市的出资和出资承诺也超过 8000 亿美元(3000 亿救房市、2000 亿救两房、1600 亿退税、850 亿救美国国际集团 AIG 等等)。2009 年的财政赤字也会是 5000 亿美元。美国国债已破万亿美元,更加令人担心的是婴儿潮时期出生的美国人,有 7200 万人于 2010 年到达退休年龄。到时,美国社会保障制度将会全盘崩溃,因为政府的社会安全基金无法支付庞大的社会保障费用。在此经济情况下,毫无节制地用纳税人的钱拯救金融机构,形同饮鸩止渴,这些中年美国人当然反对动用 7000 亿美元纳税人的钱去救华尔街大户。

3.年轻人:拥有的资产很少,救市不救市,对他们来说并不重要。他们重视就业机会多过国债问题或者股市升跌的问题。7000 亿美元救市方案,只救银行,对就业市场没有多大帮助,要这些年轻人支持该方案实在比登天还难。

正因如此,大部分美国人都反对 7000 亿美元救市方案。

盲目信奉美国金融制度

香港财经界部分专家对于美国财经权威的信任,已经到了盲目迷信的程度,只要美国的投资银行评论员说一句话,立刻就变成金科玉律,至高无上,不止抹杀了自己的个人见解,还敌视持有不同意见的人。任何人说一些与权威之言有冲突的话,立即被视为白痴。就是这样,他们看不见明明白白摆在眼前的事实。

银行家和证券大亨就更加荒谬,他们之中不少人看到权威机构将某些证券评级为 AAA,就看也不看内情,便斥巨资买入这些证券。这些人绝不质疑美国金融系统的运作和理论,无条件接受一切。美国机构近年发行的次贷证券和五花八门的衍生工具,受到全球投资者盲目追捧。到了现在,这些东西之中,部分早已失去流通性了,其实根本不应该发行这些东西,发行某些衍生工具的美国机构对那些衍生工具的价值、责任和风险,自己也搞不清楚。可是,2008 年年初开始,标售利率型债券※的拍卖情况欠佳,持有标售利率型债券的投资者无法套现。投资者于是提出诉讼,要求银行赎回。虽然标售利率型债券本身没有附带银行的赎回责任,可是各个银行因为发行及售卖这些债券的时候,采用了具争议性的手法,相继宣布赎回标售利率型债券。花旗集团更是要向纽约州和北美证券管理协会,分别支付 5000 万美元罚款。如今标售利率型债券已在市场上绝迹,可见银行根本不应该发行这样的东西。

※标售利率型证券

注:标售利率型证券,Auction-Rate Security,指金融机构以市政债券或企业债券等作抵押发行的短期投资票据。

放宽监管条例

第三章 细数金融海啸

各位可能在传媒或者总统候选人辩论中，得悉2008年金融海啸的起因之一，是美国政府放宽监管条例（Deregulation）。放宽监管条例到底是什么意思？

步入2000年，美国政治的主题之一就是提倡自由市场经济。任何监管市场的措施都会受到攻击，美国政府不断放宽监管金融业和商业活动的条例。换句话来说，银行受到的监管越来越少。银行和其他金融机构在没有足够监管的情况之下为所欲为，结果搞出了一个金融海啸来。

以前，银行需要将存款业务和投资业务完全分离。法例明文规定：接受存款的银行可以参与什么业务，不可以参与什么业务。银行家要求放宽监管，政客也想这样做，最令人感到气愤的是经济学者也大力推动放宽监管。笔者痛恨那些遗祸人间的经济学者，他们的经济学理论根本站不住脚，完全是谬论。不明白为何这些经济学者能够得到学术界的认同，还在大学教导他们的烂理论。

放宽监管的始作俑者，是20世纪70年代进行这项研究的芝加哥大学。进行该项研究的学者包括著名学者里米赛斯（Ludwig von Mises）、哈耶克（Friedrich von Hayek）及米尔顿·弗里德曼（Milton Friedman）。自此之后，经济学者致力推动此项政策，解除政府对私人机构的监管。

受到经济学者的理论支持，政府放弃了监管，将整个市场交给银行

家随意处置。然后这些银行家将美国人辛辛苦苦赚来的钱,交到没有道德的人手中,任由华尔街大户鱼肉平民百姓。这是什么经济理论?

　　经济学者敌视政府的监管,对经济有无数理论。但是,笔者不明白,经济学者看到美国政府容许金融机构借钱给信贷记录不良的人或者完全没有信贷记录的人,经济学者完全没有反对,一点质疑都没有。这些经济学者赞成废除监管华尔街的法例,结果令华尔街变成了公开赌场。如果美国政府不废除那些监管法例,这次的金融海啸兴许就不会发生了。

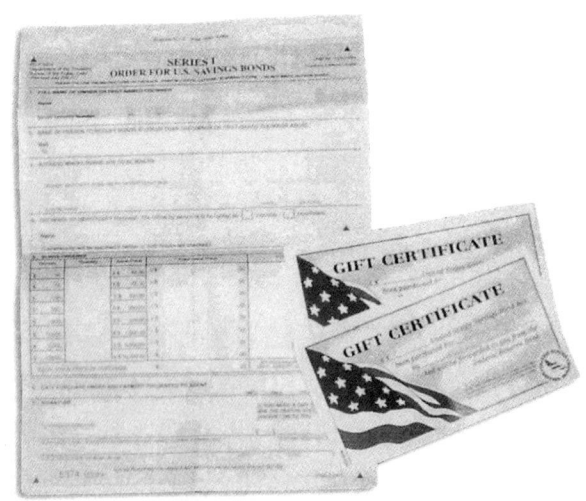

　　□图中的表格是美国库务部公众债务局发行的美国储蓄债券,系列 I。债券的价格由 50 美元至 10 000 美元不等,任君选择。里面还附有礼券,可以将购入的储蓄债券用作贺礼。这不是新事物,而且已经发行超过 10 年时间了。只是现在美国人担心在银行的存款会出问题,而喜欢购买美国政府发行的储蓄债券了。这些表格可以在美国的各大银行拿得到,也要经过银行申请。

第四章：
金融海啸后的经济发展

　　本章主要讨论财经专家在金融海啸之下犯的过失、香港房市去向和金融海啸对各地股市的影响。亚洲地区股市开始不再受到美国股市主宰,走向地区性发展。

保尔森与伯南克

相信各位已经知道笔者对经济学者及华尔街大户高层有多痛恨了。美联储主席伯南克是经济学者,美国财政部长保尔森是华尔街大户高层,由这两个人主持经济大局,笔者从来没有看好过。很多人说笔者早有偏见,所以他们两人做什么事情都是错,而且大错特错。

回顾过去的 15 个月,这两个人真的是做什么都是错,而且大错特错,即使笔者真的有偏见,也是理所当然的。美国人对这两位官员的印象也是坏透了,金融海啸充分显示了两人的无能和无知,天晓得为何当初会将美国经济的大权交到这两位仁兄手中的。

无论谁当选下一任总统,总统布什、美联储主席伯南克、财政部长保尔森、证券交易委员会主席哈维·皮特等人都会下台。据闻,新任总统奥巴马有意邀请美国"股神"巴菲特担任财政部长。

笔者对于如此的安排并没有好感,因为充其量只是将一位华尔街大户高层换成另一位华尔街大户高层而已。对笔者来说,没有多大分别。

香港财政专家

香港财政专家看到小市民买入迷你债券,毕生积蓄折损大半,只冷淡地说一声同情就不了了之了。同样,这些专家一看到银行出事,就立即飞身扑救,迅速而且果断地向银行体系投入大量资金。如果香港的财经专家以银行老板为重,不以大局为重,不以民为本,则大事休矣,香港危矣!

雷曼临近倒闭时,香港政府竟然还容许它在香港发债!数以百亿港元计的债券有美国次贷证券成分,银行竟然还公开热卖,政府官员不可能说毫不知情。这样的财经专家能否经得起金融海啸的考验,大家心知肚明。

如果政府官员只看眼前,甚至连眼前的情况也看不清楚,等到下大雨才知道屋顶漏水,那将会是另一场更可怕的人祸。

要是政府官员有远见,能未雨绸缪,以香港市民的利益为目标,果断地领导香港对抗金融海啸,香港人绝对可以安然度过金融海啸的恶劣环境,再一次展现东方之珠的光华。

香港股市去向

　　香港股市有大量外资股份，也有大量外资。外围股市出现严重问题时，是外资的实时提款机。对比 52 周高位，2008 年 10 月，美股大跌约 40%、日股跌约 53%、中国内地股市跌约 65%、中国香港股市跌约 52%。

　　由此可见，港股的跌幅与日股相当。可是，从另一角度去看，情况就完全不同了。港股只是回落到 2005 年的水平，而美股已经回落到 2002 年的水平了。如果不计算 2002 年至 2003 年的美股低潮，美股实际上已经回落到 1997 年的水平了。日股回到 2003 年水平。除了 2003 年的短暂日股低潮之外，2008 年 10 月 10 日的日经指数已经回落到 1984 年的水平。

　　如果港股与美股、日股同步的话，现在应该回落到 2003 年的水平，即恒生指数在 10 000 点以下，那就是说，港股还应该再下跌 1/3。

　　当欧美投资者将日股抛售完毕之后，下一轮抛售目标将会是港股。日元汇价走强，2008 年 10 月 10 日，曾经一度升至 1 美元兑 94 日元的水平，所以日股成为欧美投资者抛售的首选，香港股市还只是次选。

　　港股情况特殊，主要是因为联系汇率令港元无法相对美元大幅度贬值。当外资一起抛售港股时，香港股市及金融业只能坐以待毙，无法让港元贬值阻止资金外流。如果笔者坐在任总（香港金融管理局任志刚）的位置，早在几个月前就会做好阻止资金外流的准备。第一件

事就是将港元与美元脱钩,这样外资即使真的撤走,也要支付巨额的兑换折让。

另外,香港投资者不知何故,一定要托市。香港政府也是,盈富基金的来源就是最好的例子。这样做,在一般情况下,有利于港股。在金融海啸之下,能让外资有更多时间撤走。

美国政府出巨资买入银行股份,香港的银行股必定失宠。美国银行股已下跌了很多,有了政府出资买入的话,值博率会急升。在此情况下,全球金融机构会将香港等地的股份卖掉,转而买进美国银行股,因此港股会在 2008 年 10 月至 11 月,因为外资抛售而下跌。

中国内地与台湾股市

本节只讨论中国内地与台湾股市是否会遭到欧美资金抛售。只供内地居民买卖的中国 A 股，被外资抛售的情况应该不会发生。因为人民币并非自由兑换货币，欧美日投资者对其抱有戒心，外资一直避免直接在中国股票市场投资。

中国政府为了扩大股份的流通量和吸引外资投入中国股市，于是在香港发行 H 股，即以人民币标明面值，以港币认购和交易的特种股票。除在香港上市的 H 股之外，还有在纽约上市的 N 股，以及在新加坡上市的 S 股等。参与投资者为中国境外人士。

以往，在深圳和上海上市的外资股称为 B 股，只供境外人士买卖，香港人也属于境外人士。

到 2008 年 10 月为止，H 股、N 股及 S 股都没有出现明显的抛售。这些股份的起落与所属市场是相关联的，当然也会受到中国的经济情况及个别股份的状况影响。中国的外资股反而受国内 A 股的影响较大。如果欧美资金真的要抛售资产，中资股份当然逃不掉，但是绝非抛售的首选，也不会像日股那样，日元汇价急升带动抛售潮。

台股的情况也是差不多，尚未见到欧美日投资者抛售台股。笔者相信，即使日后台股遭到外资抛售，力量也会极为有限。新台币不像港币那样受制于联系汇率，所以对于外资撤走有相当大的抵御能力。

对于中国内地及台湾股市来说，香港股市是屏障，因为欧美投资者倾向于先抛售港股，所以当港股仍未遭到严重抛售压力时，中国内地及台湾股市都会相对安全。

香港房市

香港房市并不像一般香港人想象的那样稳健。香港人一直被洗脑,以为"香港地少人多,寸金尺土,房价有升无跌"。1997年之前,香港房市连续数年急升,已经超过一般人的承受能力。1997年金融风暴之下,香港房价暴跌,可以说是一次房市泡沫爆破,也可以说是给香港人的一次教训。香港房价不跌的神话终于破灭。

2008年10月27月,长江实业下跌至60港元,对比52周高位159.5港元,跌幅超过六成。以长江实业这样优质的地产股而言,绝对不应在大市上落马的。很明显,投资者不看好2008年至2009年年初的香港房市。

除了供求因素之外,影响房价的另一主要因素是经济环境。房价在经济环境差时下跌,金融海啸冲击之下,香港的经济环境继续转坏,房价必然下跌。

中国经济无可避免地受到外围影响而放缓,香港经济必然受到坏影响,不排除房价突然暴跌1/4的情况。香港人不应对香港的房市有太大期望,最好是悲观一点。

以2008年的情况而言,将钱放在银行户口比用来买房子好,买房子比买股票好,买股票比胡乱消费好。

金融海啸的淘金机会

股神巴菲特惨遭"滑铁卢",2008年9月23日,股神旗下的伯克希尔·哈撒韦(Berkshire Hathaway)斥资50亿美元,以每股115美元买进高盛普通股,10月9日,股价下跌10.31%。10月1日,股神又以每股22.25美元、总共30亿美元买进通用电气(GE)普通股,结果几天之内损失14.56%。

这位财雄势大的股坛常胜将军,在金融海啸中投资股市,连番受挫,可见2008年金融海啸非比寻常。要在这次金融海啸中,投资股票捞一桶金的可能性不大,除非你有信心在投资策略上远胜股神巴菲特。

根据笔者观察,北加州近数月来有很多大型地产发展项目动工。在公路上开车时,会见到不少大规模建筑地盘。主要原因是地价暴跌,建筑公司生意大降,愿意低价接标。

以酒店开发项目为例,从动工开始,需要几年时间才能全部完成,在北加州,工程进度比香港慢,至少要5年时间。因此,像酒店开发等项目,投资者反而因为当前的经济环境恶劣而投入资金。现在投资于大型地产发展项目,所需资金应该比两年前少约一半,而且可供选择的地点更多。

相对地,零售业的情况就没有那么理想了。生意额下降的同时,零售店铺只有立即关门大吉。原因是店主知道日后的经营环境会相当困难,除非愿意亏掉大量资金。而餐厅之中,部分仍然有利可图,并非因为亏损而关门。

冷门生意的情况却出人意料，金融海啸之中，出现无数没人打理的法拍屋※。次贷放款人为免空置房屋前的草地影响市容，而找人在枯黄的草地上喷上绿色油漆。这样的生意是今年才开始有的，做这门生意的人不多，在北加州，只有一人。他的工作多至应接不暇，可惜油漆供应甚紧，因为是环保油漆，3个月内可完全褪掉，也不影响环境。像这样的冷门生意，反而越做越大、越做越多。

金融海啸中创业或者经营的原则是不要乐观，稍微悲观一点比乐观好。

※法拍屋

注：法拍屋，即法院拍卖房屋，香港称银主盘，指的是遭法院强制执行拍卖的房屋。当债务人(业主)无力履行按揭合约，或无法清偿债务时，而被债权人经由各种司法程序向法院申请强制执行，将债务人名下房屋拍卖，以拍卖所得价金满足债权。而在过程中遭到拍卖的房屋就是所谓的法拍屋或银主盘。

□自从金融海啸出现之后，美国的高速公路旁边出现了很多大型建筑地盘，规模之大，实在难以想象，图中位于北加州戴维斯市的工地是2008年8月开始动工的，占地面积相当大，开车围着工地走一圈要十多分钟。

次贷证券

次贷证券会是未来几年美国经济架构调整的主角。次贷证券根本不应该出现，也不应该容许在市场上自由买卖。经过 2008 年金融海啸之后，次贷证券不会再有市场了。等到美国政府和金融机构清理掉手头上的次贷证券和衍生工具之后，这种东西就会成为历史。

次贷借贷会收缩到几乎不存在，美国人的靠借贷度日的生活方式也会中止。没有了次贷证券，银行和金融机构就不会借钱给信贷记录不良的人了。这样的事情已经发生，我们称之为信贷紧缩。事实上，清除次贷证券和紧缩信贷是好事，可以鼓励美国人储蓄，阻止挥霍式的消费。可是短期内会为美国社会带来冲击，令美国陷入大萧条。也就是说，次贷证券会带来一系列连锁反应，即**消除次贷证券→信贷紧缩→消费疲弱→经济萎缩→企业倒闭→失业率增加→房价下跌→政府赤字增加→政府加税→经济萧条。**

当美国从经济萧条恢复过来的时候，美国人会增加储蓄、美国企业会重视出口、美国政府会减少赤字。

一切都会有新的开始。

股灾金融海啸的启示

严重经济危机必然引起社会不安,甚至动乱。发达国家受到的经济影响即使再严重也很难会出现动乱,因为动乱通常出现在社会秩序较差的国家,例如1997年金融风暴时,印度尼西亚爆发动乱,死者数以千计。在欧美日等国家的经济问题继续深化时,东南亚地区有可能出现因为经济问题引起的动乱。情况会和1997年金融风暴时差不多,甚至会更严重。

很难想象2008年的金融海啸不会影响东南亚国家的经济。新加坡2008年第3季国内生产总值下跌6.3%,已经是连续第二季下跌了。估计东南亚地区其他国家的经济情况不会比新加坡好到哪儿去。

东南亚国家的货币一向都是较容易在金融风暴中大幅贬值的,印度尼西亚盾曾经在1997年金融风暴时,几周之内暴跌80%。越南盾在2008年金融海啸爆发初期已经下跌25%。经济上较为脆弱的国家包括印度尼西亚、越南、马来西亚和泰国,这些国家都有货币大幅贬值的可能。

至于台湾和香港等地,遭受金融风暴冲击只会引起社会问题,爆发动乱或者货币大幅贬值的可能性很小。

2008年10月27日至31日,市场极度波动。请看以下道琼斯指数与恒生指数的对比图。恒指最低位是27日将近收市时的10 676点。

第四章 金融海啸后的经济发展

到了31日收市时,恒指是13 969点,相差超过3000点。即使以收市价计,相差也将近3000点。香港投资者和传媒集中在股市的升跌,重视股价,但是股价变动的背后有更重要的启示。从图表可见,恒指与道指的升市相若,但是恒指跌市却明显地与道指脱节。

将恒指与日经对比,可以看出,港股与日经的升跌几乎是同步的。
请看下面恒指对比日经的走势图。日本的经济结构与香港截然不同,两者的升跌如此接近,可见东亚地区市场在跌市时,受到区内市场影响较大,受到美国的影响也只是间接的。

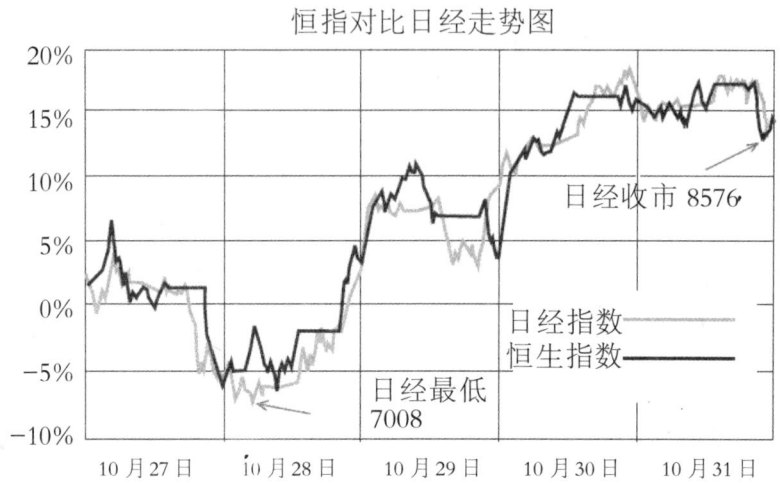

从另一角度去看,东亚地区的经济关联比以往更紧密,日本和中国香港等地可能以中国内地为中心,成为东亚的独立经济方向。这是美国在东亚的影响力丧失的先兆。

第五章：
后美元时代的新经济秩序

  哈佛大学历史学家弗格森(Niall Fergusson)在《华盛顿邮报》撰文说,这场 2008 年的金融海啸冲击了美国称霸全球的经济实力。在美国经济转弱的情况下,中国经济有望在 20 年之内超越美国。

THE POST U.S. DOLLARS ERA

第五章 后美元时代的新经济秩序

2008年9月25日,德国财政部长施泰因布吕克(Peer Steinbrueck)在德国下议院发表讲话时表示,美国银行业危机是一次地震,代价是美国失去了在世界财经体系中的超强地位。

军事与政治实力是建立于经济实力基础上的,要是美国的经济问题严重,美国的政治与军事实力也会相应地下降。美国过去一直以经济入侵为扩张霸权的先锋,如今,经济实力下降,美国失去了扩张霸权的先锋。中国和俄罗斯可能会乘势而起。俄罗斯的军事扩张已经非常明显,中国的经济影响力也是有目共睹的。全球经济新秩序将会令全世界的经济重心由美国转移到东亚地区。

亚洲金融机构扩张

亚洲国家,尤其是东亚地区的国家,储备充足,生产力强劲。当美国经济出现严重问题,欧洲金融业受到拖累,纷纷陷入危机之际,东亚地区的金融机构自然会走出来填补真空。

2008年9月18日,韩国发展银行(Korea Development Bank,KDB)宣布,以每股6.4美元收购雷曼兄弟部分优良资产,涉及资金约53亿美元。

2008年9月18日,大规模主权财富*基金新加坡政府投资公司(Government of Singapore Investment Corp.,GIC)宣布,如果摩根士丹利出面接洽,GIC将研究是否收购摩根士丹利的股权。当GIC仍然未作出收购的决定时,日本三菱银行和日联金融集团(Mitsubishi UFJ Financial Group Inc.,MUFJ)于2008年9月22日宣布,将收购摩根士丹利的10%~20%股份。

传统上,主权财富管理方式非常被动保守,对本国与国际金融市场影响也非常有限。随着近年来主权财富得利于国际油价飙升和国际贸易

※所谓主权财富
注:所谓主权财富(Sovereign Wealth),与私人财富相对应,是指一国政府通过特定税收与预算分配、可再生自然资源收入和国际收支盈余等方式积累形成的,由政府控制与支配的,通常以外币形式持有的公共财富。

扩张而急剧增加,其管理成为一个日趋重要的议题。国际上最新的发展趋势是成立主权财富基金(Sovereign Wealth Funds,SWFs),并设立通常独立于央行和财政部的专业投资机构管理这些基金。截至2008年初,全球主权财富基金管理的资产累计达到约2~3万亿美元,其中绝大多数分布在石油输出国家及出口导向型的经济体中。

有兴趣收购摩根士丹利的机构中还包括中国投资有限责任公司。该公司高层于2008年9月19日响应,中投公司拟增持摩根士丹利股份的消息时称,美国政府对外国投资者严格审查,即使中投公司有意买下少于10%的股份,也要接受美国政府的审查。

中投公司是中国主权财富基金,规模高达2000亿美元,2007年年底以50亿美元购入了9.9%摩根士丹利股份。除中投公司外,据闻中信集团也被指正与摩根士丹利洽购股份。

同日,中国银行公布,计划以2.363亿欧元收购法国洛希尔银行(De Rothschild)的20%股权。

2008年9月23日,日本野村证券(NOMURA SECURITIES)表示,将收购已宣布破产的美国投资银行雷曼兄弟在欧洲和中东地区的股票和投资银行业务。前一天,野村证实收购雷曼兄弟的亚洲地区业务,野村证券明显地想通过收购雷曼兄弟的业务,扩张在亚洲、中东和欧洲的证券和投资银行业务。

金融小故事——存贷危机

很多财经评论将美国20世纪80年代的存贷危机和2008年的金融海啸作比较。

20世纪80年代初期发生了美国经济史上难得一见的经济危机。从1978年到1982年夏季,道琼斯指数下跌将近一半。当年的美联储主席为了遏止通胀,将利率提升至18%。1980年3月的通胀率是14.76%,全年通胀维持在12.52%至14.76%之间。道琼斯指数由1980年的811点持续上升至2000年的11 000点,是美国历史上最长时间及升幅最大的牛市。道指持续上升20年,升幅超过10 000点。

相比之下,2008年的金融海啸显得并不恶劣。2008年9月,美国总统向国会提交7000亿美元救市方案时,与2007年10月高峰期的道指14 000点对比,2008年9月的道指是11 000点,下跌21%;与2004年的道指比较,就更加有实质的升幅了。谈到通胀,2008年的利率只有2%,2008年8月的通胀是非常温和的5.37%。

以上的数据有点误导性,因为2008年的经济体制和1980年时期的体制截然不同,最起码,当时全球金融体系内没有2008年的500万亿美元衍生工具,更加没有那15 000亿美元次贷证券。

日本沦陷

用日本沦陷来形容 2008 年的日本经济真的是非常恰当。日本受到金融海啸的巨大冲击,股市由 52 周高位 17 441 点大跌至 2008 年 10 月 10 日的 8276 点,跌幅约为 53%,蒸发市值达到 268 万亿日元,堪称东洋金融大灾难。

受到日本股市 1 年内暴跌超过一半的影响,很多日本金融机构都出现了财政危机。2008 年 10 月 10 日,日本大和生命保险公司(Yamoto-life)申请名为"更生特例法"的日本式破产保护,成为这次金融海啸中首家破产的日本金融机构。大和生命是拥有保险契约 17 万份、面值超过 1 万亿日元的中型保险公司,该公司资产值急速恶化,陷入资不抵债的情况,负债多过资产 110 亿日元。相信大和生命只是冰山一角,日本企业破产必然会相继而来。

日本的 2008 年 8 月失业率是 4.2%。对很多国家来说,4.2% 的失业率已算是全民就业,但是对日本来说,这是过去两年失业率的新高。政府公布的 8 月份家庭消费数字也下跌了 4%,充分显示日本的经济正在恶化。

日本财政部于 2008 年 9 月发表的贸易统计显示,8 月份日本对美出口减少 21.8%,是 1980 年之来,下跌幅度最大的一个月。另外,加上中东石油进口金额大幅度飙升,进口金额达到了 73 799 亿日元。日本的 2008 年 8 月外贸赤字是 3240 亿日元。

日本 2007 年外贸情况

国家	美国	中国	韩国
出口	165 401 亿日元	130 038 亿日元	63 822 亿日元

国家	中国	美国	沙特阿拉伯
进口	141 214 亿日元	69 219 亿日元	46 359 亿日元

中国是日本最大的进口国,也是最大的贸易伙伴,2007 年的对华贸易逆差达到 11 176 亿日元。

2006 年开始,日本正式脱离了工业产品出口国的地位,再也不能靠出口工业产品赚取大量外汇。日本的工业大国和贸易大国地位已经拱手让与中国。本来,日本可以通过持有外国有价证券,赚取可观利息而得到庞大的海外收益。日本持有的海外有价证券,以美国的债券和股票为主。以 2006 年为例,日本的贸易收支收益为 94 596 亿日元,海外投资获利高达 137 449 亿日元。海外投资的获利是贸易收益的 1.5 倍。

本来,这样并无不妥,反正都是赚钱,有形收入和无形收入都是金钱上的得益。可惜,日本在 2008 年的金融海啸中惨遭灭顶。

到了 2008 年 10 月的时候,仍然未知实际情况如何,只知道情况惨不忍睹。日本在贸易和投资两方面同时出现赤字,相信日本经济沦陷已成事实。

日本一向自称是美国的忠实盟友,在经济、政治及军事上一直全力支持美国。可是,日本受到 20 世纪 90 年代本身的经济泡沫影响,又受到美国金融海啸的冲击,经济实力大降。日后,日本必然会重视中国的庞大市场。日本会在政治上开始倾向于支持中国,而非美国。

如果中国全心全意做好国民福利,打击贪污,经济上进军日本,应可在数年之内攻陷日本,将日本纳入中国的经济领地之中。

目前的国际形势,有利于中国军事上与俄罗斯合作,向西扩张。中国可以在经济上向东扩张,趁着日本空虚,一举攻下。

金融小故事——御手洗

数千年前,日本派人到大唐王朝学习文化,将中原的历法、汉字等文化带回日本。日本进入现代化社会,其中一项改革是给日本居民姓氏。在此之前,日本人是没有姓氏的。由于日本人本来没有姓氏,所以户籍官都是随意填写的,例如居住在山上的叫山上、住在山下的叫山下;官员则以官职或者工作作为姓氏,例如左卫门、右卫门就是守门的侍卫。

研究日本经济的时候,必然接触到日本经团联(全名是经济团体联合会),因为该组织是日本的商会,发表过很多与日本经济相关的数据。

日本经团联的会长名叫御手洗富士夫。"御手洗"是厕所的意思。由他的姓氏——御手洗,可推测出,此君的祖先是洗厕所的仆人。职业无分贵贱,洗茅厕也是正当职业,笔者绝对不会因此对其投以白眼。但是,日本人有将姓氏挂在门前的习惯,如果御手洗会长将御手洗的名牌挂在门前,肯定很多人以为会长公馆是公厕。说不定有很多正在着急的陌生人,会糊里糊涂走进会长公馆寻求方便呢。

美国的财经信誉

美国向来以全球经济第一大国自居，在经济的范围内，所有机构和证券都以美国评级为标准。美国的评级机构一向都是为所欲为，将高风险次贷证券，即担保债权凭证 CDO，评为顶级 AAA 证券，结果违约断供严重，信用荡然无存。美国的评级机构已经失去了在市场上呼风唤雨的能力。

美国的财经分析员也是一团糟，经济出现严重问题竟然懵然不知。最令人喷饭的情况是，美国的传媒已经报道某机构出事，分析员仍在谈论该公司的光明前景。金融海啸来势汹汹，发展迅速，新闻报道经常走在财经分析前面。很多人宁愿看电视新闻也不想看那些报纸杂志上的财经分析员的评论。

香港人对美国金融机构的信任度极高，通常信任美国的银行和保险公司多于亚洲地区的同业。在香港，最值得信任的证券，当然也是美国的证券。

香港的 2008 年 9 月迷你债券风波却鸣起了警笛。至少有 21 间银行及 1 间金融机构涉及在香港销售雷曼产品，估计投资者的损失已超过 10 亿港元。香港证券交易委员会证实，香港市面上现有的担保债权凭证 CDO 总值约 360 亿港元。非常明显，美国机构利用香港人信任美国金融机构的社会情况，将香港视为"有毒"资产弃置场。美国金融业者将没有流通性或者风险高至无法接受的资产称为"有毒"。有了汇丰银行十月被发出盈利警告，及东亚银行挤提事件的前车之鉴，相信今后香港人对美国的资产和证券会持有很强烈的戒心了。

美国想要维持 2008 年的庞大财政赤字和贸易赤字，每年要在海外出售 15000 亿美元的证券或者债券。美国机构为了达到这一目标，在海外以不良手法销售低质素债券。大部分海外投资者在美国的次贷证券损失惨重，包括香港的雷曼迷你债券投资者。美国债券和证券的吸引力大不如前，今后美国如何维持庞大的财政赤字和贸易赤字，还是个疑问。

当美国的评级信誉下降之后，中国金融业可以趁机取代美国华尔街的位置，反过来对美国机构及证券进行评级。日后的评级可能再也不是 AAA 而是甲甲甲了。

在后美国时代的新经济秩序中，最值得关注的不是股票市场的交易投资量，而是主导股票市场交投的评级和分析员报告。只要中国有杰出的分析员和可靠的评级机构，不难在短时间内取代美国的位置。

可惜，中国内地和香港现有的分析员质素只属中下水平。香港那些年薪百万港元的星级财经分析员，只达"财经演员"的水平。他们之中，不少人在金融海啸中发表了和大市对着干的分析结果。最令人痛心的是，这些人都继承了华尔街的传统，即只是延续华尔街的思维与精神。他们和华尔街分析员的唯一分别是，他们的素质比华尔街分析员更低。以这些分析员的质素而言，实在不足以取代华尔街分析员的位置。

中国内地和香港政府应该广纳人才，培养一些本土财经分析员，即拥有真知灼见，了解大局，能够中肯评估及准确地掌握市场去向的人才。中国内地和香港有不少可以发掘的人才，问题只在于政府是否重视人才。在中国内地及香港寻找财经专业人才，并非如想象中那般困难。

第五章　后美元时代的新经济秩序

最佳的例子莫如笔者本人。笔者不是说自己的才华胜过华尔街的顶级分析员,但是请看看金融海啸的分析,笔者早于2008年2月出版的《次贷风暴高清面目》中准确地预测到2008年10月股灾,包括股灾的原因、损失规模与发展过程。有些人指责笔者是事后诸葛亮,特意在股灾后写些股灾预测,说成是股灾前写的。如果不相信《次贷风暴高清面目》是2008年2月出版,可以到公共图书馆去查看,笔者绝对没有半句虚言。

美国华尔街大户、政府官员、顶级财经分析员等人,到了2008年年中才发现问题严重。说香港没有人才的人,应该好好的再想一想。

金融小故事——1万美元的破坏

美国家庭之中,有很多在家中藏有枪械。2008年10月前不久,加州首府萨克拉门托就有两贼入室偷窃,被户主当场以手枪击毙1人。美国的贼人比较胆小,倾向于盗窃无人居住的空置房屋。当房屋被次贷放款人没收,屋内就会没有人。贼人可以随意盗窃。可是空置房屋内也不会有贵重物品,连可以搬走的家具都没有。

但是,很多情况下,贼人进入无人居住的房屋只是为了拿一些铜造水管等。贼人入屋后打烂木造的墙壁,拉走铜造的水管和电线。通常,贼人只能拿走价值50至100美元的破铜烂铁而已,而房屋损坏后的修理费用则通常高达1万美元甚至更多。

当美国法拍屋不断增加时,这样的破坏也在不断增加。次贷放款人的损失越来越大。

第五章 后美元时代的新经济秩序

中华美利坚

　　中国在 30 年前开始改革开放时，被美国人戏称为中华美利坚"Chimerica"，因为当时的中国经济实际上从属于美国，仍由美国主宰一切。但是早在 2000 年，中国已渐渐脱离美国的影响，中华美利坚时代已经结束，步入后美国时代。

　　美国政客当然明白中国已经进入经济扩张时期，更加害怕中国联合俄罗斯抗衡美国。中国有地理上的优势，北面邻接俄罗斯、西面是接近中东的中亚细亚地区。要是中国联合俄罗斯从中国西部进行扩张，大可以从新疆直入中东。中亚和中东都是实力空虚而且反美的地区，中国和俄罗斯拉拢伊朗及中东诸国，美国的中东战略将会遭到挫败。可是更令美国政客担心的是，围堵俄罗斯的策略会被中国打乱。

　　美国难以从军事上或者政治上控制中国。因此，首先从经济上操控中国是最佳战略。美国对付东欧国家的手法相当成功，首先从经济上进军东欧，到了东欧国家经济上受制于美国时，美国就拉拢这些国家加入北约，从军事和政治上控制这些国家。

　　但这一招在中国却行不通，因为中国的经济已经摆脱美国的控制，至少在某些经济领域内是美国依赖中国，而不是中国依赖美国了。更令美国政客大吃一惊的是，看你中国急速发展的势头，有可能是中国会反过来从经济上控制美国。美国人当然视中国为心腹之患。说不定有一天会出现"亚美利中华"，即反过来的"中华美利坚"。

中国威胁论

不少人对中国威胁论的说法嗤之以鼻,认为不值一提。这些人看完本节之后,必定会对中国威胁论完全改观。

要说服不相信中国威胁论的人,国民平均收入是主要的依据。请看下图,中国的人均收入远远无法追上英美和日本等国家,即使总国民收入也没有美国的 1/10。

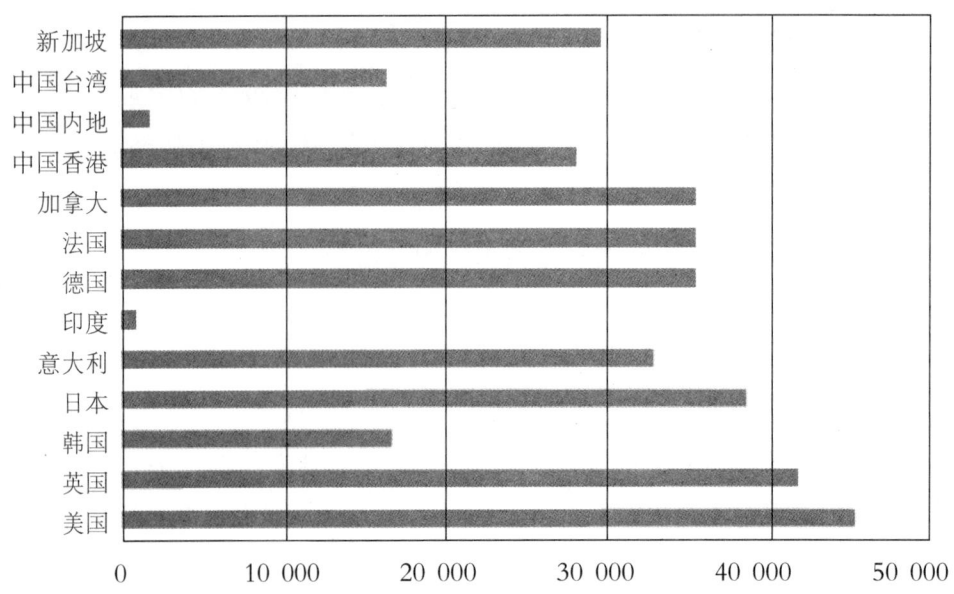

2006 年各国(或地区)人均收入(美元)

从上图可以看到，中国内地的人均收入偏低。新加坡与中国香港的收入早就达到了国际先进水平，和中国内地有很大距离。

2006年，中国的人均每年收入低至2010美元。2005年的时候，中国人均收入是1740美元。到了2007年，该数字就跳升至2459美元，升幅之巨令人难以相信。2008年，由于人民币升值，相信升幅会更大。即使如此，中国的人均收入估计只有约3000美元，对于人均收入4万多美元的美国来说，中国的经济发展不是威胁。

相对地，日本的数字在2005年是38 950美元，2006年是38 410美元，出现了些许倒退。美国则是微升，由2005年的43 560美元，升至2006年的44 970美元。

中国威胁论来自美国的政坛，美国政客为此做了不少工夫，例如针对中国的对美外贸盈余、对中国实施军事物资禁运、指责中国践踏人权、强迫中国开放市场让美国产品进入中国等等。说到人权问题，很多非洲国家的人权问题更严重，例如津巴布韦。另外，印度尼西亚排华，大量奸杀华人妇女，美国政客却只字不提，只是着眼于中国人权，摆明是敌视中国。

既然中国不是威胁，这些政客岂非白忙活了？

美国政客认为中国是美国的威胁，并非来自经济问题，而是来自美国的全球战略。美国的全球战略以对付俄罗斯为主。俄罗斯会在未来数年还清国债，进入有实质储备的时期。

绝大部分人以为美国的国际军事与政治重心放在中东，事实上，中东只是美国削弱俄罗斯影响力的一部分，美国的全球战略并非以中东为核心。

美国的全球战略

军事上,美国一直没有将中国放在眼内。美日韩台的太平洋地区军事部署是针对俄罗斯的。除了在太平洋上作出部署之外,美国还拉拢前苏联的加盟共和国,加入以美国为首的北约,实行东西两面围堵俄罗斯的策略。

美国为首的北约已经成功地在西面围堵了俄罗斯。美国除了继续扩大北约,招揽格鲁吉亚等国家加入之外,还在波兰部署飞弹系统,对付俄罗斯的飞弹威胁。俄罗斯北面是北冰洋,属于天然屏障,东面是日本、韩国等美国盟邦,东面也是围堵得滴水不入。

以前,美国的菲律宾军事基地是针对越南等东南亚社会主义国家的,可是中国放弃支持越南之后,美国已经没有必要再留在菲律宾了。

20多年前,越战后的美国,将中国和前苏联视为敌对的社会主义国家,实行围堵政策。1991年,前苏联解体,美国的最大敌人再也不是社会主义国家了。前苏联解体后,俄罗斯出现了严重经济问题,国力大降,对美国的威胁也结束。差不多同一时期,中国实行改革开放,美国成为中国的最大经济与贸易伙伴。在美国与俄罗斯及中国的关系改善之下,美国仍然推动北约向东扩张,步步紧逼俄罗斯。

美国的全球战略是孤立俄罗斯并对其实行围堵。在围堵方面,美国做得很好,已经名副其实地将俄罗斯围住。可是在孤立俄罗斯的同时,出了另一个小问题——中国。

第五章 后美元时代的新经济秩序

所有亲美国家都有个共通点,那就是被美国支配一切,包括政治和经济。请看看韩国和日本的情况,除了有美军基地之外,还要在经济上支持美国,也就是由美国控制其经济。美国本来以为中国会对其唯命是从,可惜中国并不顺从美国。政治上,中国没有站到美国那边去,在多次国际事件中,中国都与美国对立,例如第一次波斯湾战争时,联合国表决出兵,中国投了弃权票,不支持联合国出兵。2008年伊朗核武危机中,中国大量进口伊朗石油,摆明与美国站到敌对位置。

俄罗斯和反美的南美洲国家委内瑞拉联合一起,实行反客为主。2008年9月进行首次联合军事演习,俄罗斯舰队驶进南美洲海域,这是俄罗斯对抗美国围堵的最强硬行动,也是反围堵的开始。俄罗斯宣布会与南美洲国家加强合作,尤其是军事合作。对美国来说,俄罗斯和委内瑞拉的行动等同于在美国背后架上一把利刀,非常不利于美国的全球战略。

美国在东欧及西欧部署了针对俄罗斯导弹系统的反导弹系统。俄罗斯也不示弱,计划在2009年建造8艘先进核潜艇,携带能够贯穿美国反导弹系统的先进导弹。到2015年,俄罗斯将会有先进战术核弹的全新核潜舰队。

俄罗斯核潜的技术其实在美国之上。美国用作建造核潜艇身的材料只是钢材,而俄罗斯则使用钛合金,潜航深度比美国潜艇大很多,能携带的武器也较多。

由于中国不顺从美国,美国围堵俄罗斯又多了另一个缺口。单从美国的全球战略而言,中国令美国对付俄罗斯的行动陷入了困局。美国对此耿耿于怀,唯有推出中国威胁论,企图迫令中国就范。

中国的高速成长

以下是各国的国民生产总值增幅比较图。

1996年至2006年各国国民生产总值增幅的比较

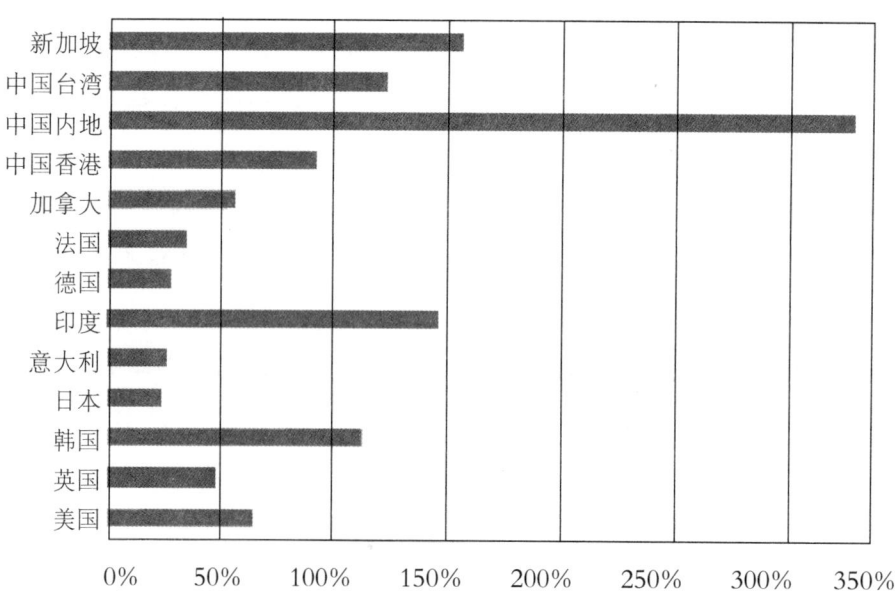

从上图可见，中国的高速成长确实是毋庸置疑的。英国、美国、日本和欧洲诸国的经济增长幅度，远远比不上中国。即使中国的人均收入偏低，和发达国家相比，还有一段距离，但照中国的高增长速度来看，说不定很快就会追上了。

第五章 后美元时代的新经济秩序

中国的急起直追，令美国和欧洲非常不安，日本则因为中国货品充斥日本市场，已尝到外贸赤字的滋味。

美国和日本对中国的经济增长速度非常关注，因为再这样下去，中国的经济实力大增，会对其构成实质威胁。美国向中国购货，不付钱，只是开白条子，即被称为美联储债券的欠单。如果中国突然不收美国的债券了，美国将无法再向中国购货。除了中国以外，没有国家的经济能力足以满足美国的工业产品需求，同时又有接受数千亿美元债券的经济实力。

中国的经济增长大大超出美国政客意料之外，相对地，中国拒收美国债券的日子很快就会出现。美国钳制中国经济发展的政策失效，导致美国多了一位经济上的竞争对手，也多了一位战略上的潜在敌人。

中国如何吸引人才

中国发展经济的其中一项障碍是人才不足。中国要吸引人才,困难在于国家的法治精神与外国有差异。

中国想吸引美国人才,从 2008 年开始,将有很好的机会。美国婴儿潮时期出生的人之中,有 7500 万会在 2010 年达到退休年龄。美国人在股票市场上的退休金总值约 10 万亿美元。到 2008 年 10 月为止的 15 个月内,这笔退休金因为金融海啸已经损失 2 万亿美元。金融海啸成为过去的时候,这笔退休金的损失将高达 4 万亿美元,影响到每一位退休的美国人。

退休的人士失去大量退休金,最后可能需要政府协助,例如医疗费用。美国联邦政府已经负上沉重债务,很难再兼顾大量退休人士的退休福利了。美国政府将承受沉重的经济压力,例如加税或者减少开支。无论以任何方法资助退休人士,最终都会令美国的经济体系出现结构性衰退。

未来几年,美国既要全力对抗金融海啸引起的经济衰退,甚至大萧条,又要从房市泡沫中复苏过来,就是在这个时候,大量美国人到了退休年龄又失掉了退休金。这次退休危机肯定会延长美国经济复苏的时间,还增加了复苏的困难。

以往,中国无法留住人才,吸引外国人才就更加困难了。中国在这种形势之下,可以利用美国的经济困境及缺乏医疗服务和人才的时候,吸引美国人才到中国去。例如吸引美国人才到中国时,可以附

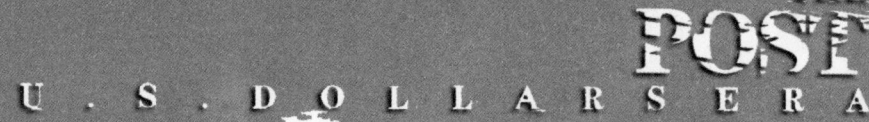

带家人养老的福利。美国人养老的费用高昂，当养老金失去一大半时，人才将会流失到医疗服务较佳、老人生活质素较高的地方。

只要中国搞好治安、环境保护、法治精神、幼儿与老人福利，以及提供更好的医疗服务，外国人才将会自然地流进中国。

中国已经有了工业基础、资金和资源，只差人才，要是外国人才流进中国，中国的经济会更加突飞猛进，进一步改变全球的经济形势。问题是中国政府的政策，能否配合时代发展的转变进度。要是中国的政策切合需要，说不定可以很快地将大量中国需要的美国人才揽到中国去。

欧元区的经济情况

欧元区仍在扩展

当谈到后美元时代的新经济秩序时,很多人立即想到欧元区会成为新的国际盟主。很可惜,这样的事情不会发生,至少不会在2008年或者其后几年发生。美国出现严重经济问题时,欧盟的经济问题可能会更严重。

以2008年10月6日的欧洲股市跟随美股暴跌为例,即欧股一日蒸发掉2.2万亿美元,证明在2008年金融海啸中,欧洲的情况不会比美国好多少。

先来看看欧元区(Eurozone)的实况。欧元,又名欧罗(Euro 或者 EUR),是欧元区15个国家的共同货币。这15个欧元区国家分别是:奥地利、比利时、塞浦路斯、芬兰、法国、德国、希腊、爱尔兰、意大利、卢森堡、马耳他、荷兰、葡萄牙、斯洛文尼亚和西班牙。另外,法属圭亚那、留尼汪、圣皮埃尔、密克隆群岛、马提尼克、摩纳哥、圣马力诺、梵蒂冈、安道尔、黑山、科索沃等国家和地区也使用欧元。

欧元是32 000万欧洲人的官方货币,连同货币与欧元挂钩的国家及地区,使用欧元的总人口达到5亿。2006年12月,欧元的总流通量为6100亿,是世界上流通量最大的货币。以2007年的国民生产总值计算,欧元区已是世界上最大的经济体系。由于美元疲弱,欧元在国际上的地位不断提升,欧元区也在不断扩大。

对于欧洲人来说,东欧等国家脱离前苏联之后,经济状况极差。西欧为了将这些前苏联加盟共和国吸纳进北约,将它们纳入欧元区作为利诱。结果,欧元区不停地吸纳那些近乎赤贫的东欧国家。现在欧元区的策略是吸纳穷国之后先行整顿,到了时机成熟再行吸纳新会员。以前西德为例,与前东德合并之后,经济情况大不如前。单是负担前东德人的医疗、基本建设、教育和福利,就已经令前西德头痛不已了。

相信欧元区要再过数十年才能完成吸纳全部欧洲会员国的程序。到目前为止,欧元区无意向欧洲以外扩张,更加不想欧元成为国际货币,以免加重欧元区的负担。

欧洲的银行业

2008年2月,英国的北岩银行(Northern Rock,又称诺森罗克银行)在次贷风暴中倒下,被英国政府收归国有,成为在次贷风暴中牺牲的第一家银行。该行是英国第五大按揭贷款机构,由于资金短缺及挤提而无法继续经营。虽然,次贷风暴是美国的经济问题,但是这家英国银行在美国的投资银行贝尔斯登倒下前就已经完蛋,可见欧洲银行的情况如何恶劣。

瑞银(Unitied Bank of Switzerland,简称UBS)出现问题时,大家才意识到欧洲银行业受到的冲击如何严重。2008年年中,瑞银的问题资产金额竟达瑞士国民生产总值的4倍!

如果瑞士的银行危机尚未严重到动摇瑞士的根基,那么冰岛就没有那么幸运了。2008年10月初,冰岛政府宣布接管全国第二大银行

Landsbanki。因为冰岛的经济危机严重，国家陷于破产边缘，冰岛政府因此向俄罗斯寻求了40亿欧元贷款。

Landsbanki被冰岛政府接管后禁止存户提款，实行赖账政策。英国分行的30万存户无法提款。英国财政部长达林（Alistair Darling）说："信不信由你，冰岛的官员昨日（10月7日）对我说，他们没有想过履行（还款）责任。"

英国政府对冰岛政府的赖账行为非常不满，但是自己本身的问题比冰岛也好不到哪里去。英国政府在10月初实行英国历史上最大规模的银行拯救行动，向英国8大银行注资高达500亿英镑，并且向银行体系提供至少2000亿英镑的流动资金。这些银行包括香港人熟悉的汇丰银行（HSBC）、渣打银行（Standard Chartered Bank），另外还有苏格兰皇家银行(The Royal Bank of Scotland，RBS)、巴克莱（Barclays）、即将合并的苏格兰哈里法克斯银行（Halifax and Bank of Scotland，HBOS）和劳埃德TBS银行（Lloyds TSB）、艾比国家银行（Abbey National）、英国皇家建筑协会（Nationwide Building Society，NBS）。

消息传出之后一天，汇丰和渣打声称资本及流动资金充足，毋须英国政府注资。这件事令笔者生疑，为何英国政府计划向这两家没有注资需要的银行提供注资的计划？这里面说不定会有外界不知道的内情。

出现问题的银行还包括英国的B&B（Bradford & Bingley）、德国的Hypo Real Estatez银行、比利时的富通银行。比利时、荷兰及卢森堡3国联合注资112亿欧元为银行解困。

当欧洲、美国和日本的银行一起陷入困境，中国内地、台湾和香港的银行便有机可乘，可以迅速向外发展。这只是个机会，中国内地、台湾和香港能否好好利用这个机会，则又当别论了。

中国的新经济目标

以往，中国在海外的经济活动主要是以援助社会主义兄弟国家为主，坚持互惠互利，不以赚钱为目的。当时的中国完全没有经济上向外扩张的野心。30年前，中国改革开放之后，情况则有所改变。经济上，中国实行了市场经济体制之后，对外发展经济的野心增强。最大的原动力是争取自然资源和出口市场。

中国发展经济的同时，耗用的自然资源也增加了。以石油为例，1990年至2001年，中国的石油消耗量增加了1倍。中国不在自由市场抢购石油，倾向于和石油供应国签署供油协议。例如中国和伊朗及印度尼西亚等国家有供油协议，价格只是参考自由市场，不是直接按自由市场价格定价。中国也与一些国家订立了开发石油的投资计划。

经济上，中国向外扩张已经非常明显。中国到处寻找着机会，例如原材料进口、工业产品出口和经贸合作。1997年，东南亚国家经济危机爆发后，中国向东南亚给予援助，扩大了经济影响。2004年，与东协10国签订自由贸易协议，确立了中国在东南亚的贸易大国地位。

到了2006年，中国与东协国的贸易金额达到了1300亿美元，与美国的东协贸易金额1500亿美元相若。2004年，美国在东南亚国家联盟的投资是854亿美元，中国只有117亿美元。可是，美国现在出现经济危机，急于将海外资产套现，中国有机可乘，说不定会在短期内，直追美国在东盟的投资，取代美国成为东盟的最主要贸易伙伴。日后，中国的经济影响力甚至有很大可能令东盟10国放弃美元，使用人民

作为主要交易货币。除了东盟※之外，中国在非洲也不断加强经济影响力，主要是争取非洲的自然资源。

　　以往，中国的外贸主要通过欧美的跨国公司作为中间人。到了现在，中国的外贸大都通过中国的跨国公司进行，无需美欧企业作为中间人。美日欧将中国的经济影响力和经济成长都看成威胁，也不足为奇。

※东盟
　　注：东盟，全称东南亚国家联盟，Association of South East Asian Nations，ASEAN，其前身是马来亚（现马来西亚）、菲律宾和泰国于1961年7月31日在曼谷成立的东南亚联盟。现在的10个成员国有：文莱、柬埔寨、印度尼西亚、老挝、马来西亚、缅甸、菲律宾、新加坡、泰国、越南。

全球自然资源之战

美国一直垄断着全球自然资源,这是其经济上雄霸天下的第一步。石油、黄金、粮食等等都要以美元结算。自从欧元区于 2002 年正式成立以来,不少商品都可以用欧元结算。但是,全球的商品交易仍以美元为主要交易货币。

全球最大规模的石油公司和矿务公司都是美资,主要的金融机构亦也是美资。最初,俄罗斯的天然资源也是受制于美国。普京上台之后,将美资石油公司收归国有,将自然资源从美国人手中抢了回来。

国际上,美俄出现了资源争夺战。2008 年 8 月 7 日,前苏联加盟共和国格鲁吉亚挥军攻击南奥塞梯的俄罗斯维持和平部队,引来俄军反攻。俄罗斯一直对格鲁吉亚虎视眈眈,原因在于格鲁吉亚是输油管必经之路,能够控制自然资源;美国也想拉拢格鲁吉亚,原因也是如此。相信美国很快就会将格鲁吉亚纳入北约,以北约军事力量抗衡俄罗斯在格鲁吉亚的军力。

日本更是严重缺乏能源,所以在争取能源方面非常努力。日本最大规模能源公司"国际石油开发帝石控股"(Inpex Holdings)在澳洲投资开发了液化天然气田,即香港人俗称的石油气。2014 年开始投产,估计产量为日本进口液化天然气的 1/10。

中国和印度等国家对铁矿石及煤的需求大增,也因此令铁矿石和煤的价格飙升。日本的铁矿石及煤都是依赖进口。为此,日本的大机构例如新日铁、JFE 钢铁等钢铁生产商,还有三菱商及三井物产等商

业机构,总共14家大企业于2008年9月29日开会,讨论开发资源的问题。讨论的结果是日本政府和民间企业联手开发非洲的矿场。日本政府为没有基础设施的矿场开发港口和铁路,民间机构则负责矿场开发工作。可以预见,未来数年,日本将会在非洲大展拳脚,与当地的中国企业一较高下。

2008年开始,自然资源成为强国的必争之地,谁能够控制自然资源,谁就会成为明日的霸主。

除了争夺海外资源之外,各国也致力于开发国内资源。中国发现渤海油田之后,坐拥庞大天然资源。美国也无可奈何地开始考虑开发阿拉斯加及墨西哥湾的离岸油田,以作抗衡。

第六章：
中国经济新形势的崛起

　　中国的经济体系并非完全向外开放,反过来说,外国市场,尤其是欧美金融市场,对中国是完全开放的。中国金融业在2008年金融海啸中,除了没有受到像欧洲各国那样的直接冲击之外,还得到了向外扩大影响力的机会。

金融海啸对中国长远发展有利

欧美日诸国受到金融机构的困境缠绕，出现了系统性崩溃。欧美日银行开始减少在华投资，中国却反过来增加海外投资，经济形势出现逆转。其中，金融业的情况尤其明显，中国的银行开始大举进军海外。2008年10月，金融海啸影响最猛烈的时候，中国最大的商业银行中国工商银行在美国纽约开设分行。该行是1991年以来，第二家在美国开设分行的中资银行。在此之前几天，招商银行纽约分行刚刚开业。而中国建设银行也在计划到美国开设分行。

人民币并非自由流通货币。人民币兑美元的汇价不是由市场决定，中国政府可以通过行政指令决定汇价，美元显得极为被动。中国政府可以决定有利于中国市场的汇率，美国则没有这样的便宜事。在金融海啸中，决定一个国家或者地区经济稳定情况的因素之一就是货币汇率。因此，笔者在以往的著作中，多次讨论港元与美元单一挂钩的联系汇率。其实港汇应该与人民币一致，在2005年7月与人民币一起放弃与单一美元挂钩。可惜，香港官员对美元情有独钟，拼命坚守过时的联系汇率。

中国不会出现像越南和印度尼西亚等东南亚国家那样的惨况，因为汇率暴跌会引发严重通胀问题，经济崩溃，造成政治及社会不稳定。

新的国际货币制度将取代以美元为主的贸易系统，有助于发展中国家对抗通胀和美国金融问题带来的坏影响。每次美国出现经济或者金融问题时，发展中国家都会受到严重冲击，原因就是美元将经济

问题带到了世界各地。过去,美国自视为全球金融业的老大,无所不知,无所不能,无论其他国家是否同意,单方面强行介入外国的金融和经济问题,令国际经济局势极不稳定。这次,美国连自己的经济问题也无法解决,日后,当然不能再以老大的身份发号施令了。

中国拥有庞大市场和雄厚的资金,以往依赖国际金融系统、外国投资和技术的情况开始改变。中国的出口以美国为主要市场,美国市场萎缩会迫使中国加速开发内销市场。

经济情况改变军事形势

　　日本汽车在美国市场受到严重挫败,情况严重到令人惊愕。2008年9月对比2007年9月,日本的日产汽车在北美销量,跌幅高达38.4%,迫使日企在美国收缩业务,裁减员工。如果这种情况持续下去,日本汽车工业早晚会被拖垮。

　　韩国和中国台湾的情况也好不到哪里去。在东亚各国不看好美国市场的情况下,日本、韩国和中国台湾地区必然会转而面向中国内地这个庞大的市场。政治和军事上,美日韩军事集团以中国为敌人,对中国进行围堵。日韩的军事规模远远超过了实际需要,日本拥有四艘先进的贯通甲板两栖舰,是名副其实的航空母舰。韩国也有一艘。

　　美军在日本部署的军力和导弹系统的覆盖范围,显示美日韩军事集团针对中国在东岸的经济和政治中心,如北京和上海。美日韩的军事部署,有如一把利刃架在中国的咽喉上,经济上却要依赖中国,成为各国关系的矛盾所在。

　　以往,日韩以美国为主要市场,心甘情愿在政治上和军事上受到美国的支配。现在,美国市场萎缩,日韩无可避免地要在政治上迁就中国内地,甚至某程度上解除对中国内地的军事围堵。最先脱离对中国围堵的可能是韩国。

　　韩国一直视朝鲜为最大威胁,驻韩美军也是针对朝鲜的。自从朝鲜出现经济危机需要外国支持之后,就不再是韩国的军事威胁了。韩国举行了多次要求美国撤军的反美示威,并重提当年韩战时期美军

屠杀韩国人的惨案。两艘航空母舰的建造计划也被取消了。即使在朝鲜的核武问题上,韩国也坚持反对美国介入,宁愿让中国担任调解人的角色。

中国早在20世纪60年代就开始支持非洲国家。到了中国改革开放之后,中国将非洲视为自然资源供应及外销产品的市场。非洲国家长期受到欧美的经济打压,天灾疫症横行,简直为人间地狱。中国在非洲的投资和欧美各国不同,中国不会像欧美各国那样存心操控资源,维持非洲的贫穷和落后现状。中国对非洲的经济贡献已是有目共睹,和中国做生意的非洲国家都有得益。欧美各国受到金融海啸困扰时,中国在非洲的经济和政治影响力在不断增强。总有一天,非洲各国会转而向中国靠拢。

2009年中国经济发展新动向预测

以下预测只是笔者个人猜测,不一定准确,只供读者参考。内容只是估计笔者在 2009 年内如果投资的话,投资策略会怎样。这样的内容并非提供投资意见,不可用作投资依据,请读者注意。

1 月,中国会关注到出口问题,开始针对出口市场的情况采取刺激出口的措施,例如提供出口信贷、签订双边贸易合约等。这时候也会有一些金融制度上的新安排或者新计划。在此阶段,政府的工作会以金融和融资为主。中国政府会选定几个可以发展的市场。留意新闻,这个月跟着中国领导人或者官员出访的企业和中国政府的动向值得注意。

中国的房价会受到压力。房价下跌会是有秩序及温和的。股市在 2008 年年底的大起大落之后,稳定下来。受到出口疲弱和国内楼价下跌等因素影响,股价持续偏低,顺着经济的势头向下调整。

2 月,市场上会出现很多利好消息,也会有一些假象,千万不要以为股价或者房价升了一些,金融海啸的影响就成为过去了。美国的经济情况有转坏趋势,中国出口仍然疲弱,这个时候太乐观,非常不智。有些中国企业在外国可能收购了一些不应收购的外资企业或者进行了不应进行的投资。账簿上可能还未入数,这时候随便买股票犹如玩俄罗斯轮盘(Russian roulette)。不要看到某些股份的股价非常低廉就觉得物有所值。深层的下跌原因搞不清的话,买这些股份的风险会很大。不宜境外投资或者增加借贷。外汇是危险的投资玩意。

3 月是受到外围市场影响的月份。外国发生的事情会直接影响中国的房市、股市和就业市场。这个月的市场波动较大。这里说的外

围市场影响，不是指金融，可能是外国的天灾或者动乱等情况。事情会来得急，去得慢。多关心些外国的情况，有助于寻找投资机会。

要是这时候仍然没有投资股市或者房市，应该暂时观望，不要投资。

4月，仍然受到外围市场影响。市场气氛较差，房价和股价可能会受到很大压力。4月份的市场是投资气氛主导和受外围影响，中国投资者非常被动。尽可能回避受到影响的市场或者情况不明朗的股份，冒险投资会带来损失。

5月，经过3月和4月的压力之后，股市和房市又回稳。这时，投资者可以有选择性地、限量地买入优质股份。这里说的优质是以长线投资而言。暂时不宜作短线投机活动。股票市场的投资不宜超过总资金的30%。不可以负债方式持有物业或者股票。明白股份和市场的投资风险至为重要，不宜购买以往有不良投资或者管理记录的股份。

6月，可以考虑增持一些股份，只要有足够资金、以长线投资为目的、投资策略保守，这个月会有很多良好的投资机会。最好避免有外资成分或者在2008年年底股价出现过不寻常暴升暴跌的股份。购买房地产要以个人需要为目的，不宜炒卖图利。

7月，投资气氛转强，这时候要对报纸和杂志上的投资建议持保留态度，不能尽信。避免投资新上市的股份，根据以往几年的业绩和股价的稳定程度选择股份会较为有利。不宜任何急进的投资策略，仍以保本为上。

股价出现波动时，不能心慌意乱，所以选择股份非常重要。切勿因为自己买了某些股份，但是股价仍然下跌而感到失望。你要明白在股价最低位时买入的机会很小，更加不要期望在股价最高位时卖出。

股市可能仍在整体下调的状态，但是，选择到良好股份的同时又

有足够资金的话，仍然可以说是不错的入市时机。

8月，经济情况只能说稳定，但是买股票是看前景的，以明年的盈利情况衡量今天的股价。2010年的股价以上升为主，2009年，大部分股份仍然疲弱，上升乏力。买股票的秘诀就是要看得到未来的市况。

资金充裕的投资者可以考虑买入房地产物业和一些有盈利潜质的股份。股票市场的投资可以增加到总资金的70%。但是选择股份比选择时机更加重要。注意过往几年股价较为平稳的股份，避免曾经脱离大市，大起大落的股份。

9月和10月是投资的重要时机，但是要注意外围发展，尤其是美国的经济情况。对于大部分投资者而言，这两个月是调整投资组合的时期。将一些潜质较差的股份卖掉，买入盈利潜质和业务发展较为有利的股份。记着，买股票是投资于未来的市场，买股票时的市场情况稍差不要紧，最要紧是掌握未来的市场发展和了解自己买入的股份。尽量减持贵金属和外汇等投资，现金比率要保持在30%。无论市场情况如何理想，现金比率也不要太低。特别提醒各位，十月是股灾旺季。资金不充裕或者没有特别喜欢的股份的投资者宜在11月才开始入市。

11月和12月是获利和调整投资策略的时期，任何股份的价格有实质升幅时，都可以考虑卖出部分股票，获利是投资的重要部分。笔者认为，2009年的下跌股份仍然比上升股份多，只有少部分投资者能在这时期获利。

这时候，中国股市和房市开始脱离外围的影响，很大程度上视乎中国的情况而出现调整。换句话来说，外国的金融消息对中国股市的影响会非常轻微。中国投资者应在这时候，将注意力由外围转回国内，集中注意力于中国股份的营业状况、管理和风险。

金融海啸中的中国投资策略和时机

从个人投资者的角度而言,全球经济会是短期波动,长期衰退。资金流向消费市场,不会像以往那样由华尔街操控一切。2008年金融海啸标志着美国经济霸权的终结。新经济模式的开始,亦是新的投资策略的开始。

消费市场变成全球经济中心。中国是全球最大的消费市场,当然是经济活动最多的地方。以往,中国消费者的消费能力有限,所以中国市场长时间被忽略了。现在,中国消费者的消费力仍然不及欧美各国,可是欧美日各国急需中国的商品,进口中国商品的同时要出口等量货物到中国,平衡外贸差距。以前,美国以债换物,发行债券换取中国和日本的商品。欧洲各国则以金融业务的收益弥补外贸的有形损失。现在,这样的交易模式已经行不通了。新的贸易环境构成了新的投资趋势,欧美日各国需要打开中国市场,才能维持健康的经济发展。

中国的股市虽然跌幅惊人,但是基本因素良好,工业发达,汇率有利于经济发展和稳定。笔者相信,金融海啸对中国经济的影响只是短暂的。人民币会在中国经济发展的同时增值,吸引外国资金和人才。当然,中国也有很多内在问题,相信中国政府有能力和决心解决这些问题。

中国股市的性质和国外完全不同,股份分类复杂,上市公司缺乏透明度。同一股份,海外股与国内股连动性不一,这是很古怪的现象。中国股市缺乏沽空和衍生工具对冲风险。2008年10月7日,金融海

啸非常不明朗时期,中国证监会启动沽空及保证金交易试点。在此之前,中国股民不能沽空。

以下是笔者的个人猜测,不一定准确,不应该用作投资的依据。全部估计只作参考用途。请注意,以下的情况不会在明天就发生,笔者估计,应该在2009年年中才会出现。可是,投资策略应该在未有实质发展时作出,一旦市场开始飙升,到那时才开始研究,可能为时已晚。

投资策略:

1.必须到有合法经营资格的银行、证券公司、期货公司进行证券交易。不能单看外表,例如公司的办事处装修和工作人员质素。上海环华投资有限公司在全国多个城市非法向公众销售企业"原始股"的诈骗案,就是最好的例子。

2.除非有符合资格的投资顾问或者其他值得信任的专业人士说明风险和投资性质,否则不要考虑买入任何有疑问的债券、股票、互惠基金等有价证券。银行柜台职员的职能只限于柜台交易,不是投资顾问。街坊同事的意见可能只是谣言或者道听途说,绝对不可用作投资的依据。看了报纸杂志上财经版的投资建议,或者听别人说买什么股票可以赚钱,于是就买股票,是一种危险的投资行为。

3.严守20%止赔。因为很多股份一沉不起,不止赔就会全部亏损。市场上很多投资者"止赚不止蚀",在市场环境良好时,会有得益;而市场环境恶劣时,他们就会是第一批全部赔光的投资者。当股票下跌至接近买入价的80%时,应即时沽出。买股票或者基金时,先要决定自己是否拿得起放得下。要是没有严守止赔的决心,就不要在这个时候

买股票。等到市况良好时再考虑吧。

4.不要短炒图利,要有长远计划。因为大市急升暴跌,短时间之内升跌幅度极大,会出现很多短炒图利的机会。可是大市的方向是短期波动,长期衰弱,很多股份一沉不起。短炒的投资者通常会因为一沉不起的股份而蒙受严重亏损。根据笔者的统计,大部分在2008年9月短炒的投机者都亏本了。记住,股票市场不是赌场。

5.因应短期波动,长期衰弱的大市走势,趁早选定优质股份和订立买入价,实行长期持有。这样的策略能否赚钱,完全视乎投资者有没有做足功课。多花点时间全面研究股份与市况,得到的投资策略必然比只看报纸杂志的财经评论好很多。财经评论的投资建议多是市场毒药,不可尽信。翻阅以往报纸杂志的财经版,然后对比一下之后的市场发展,你一定不会再看那些专引导人亏本的财经垃圾了。

6.不要照抄别人的投资经验。无论是多么了不起的人,别人的经验只是某些市况和某人投资的特殊例子,照搬别人的那一套并非投资良策。看了股神的投资著作之后依葫芦画瓢,而又能够发大财的人,万中无一。这位发大财的幸运儿或许会接受传媒访问,甚至写本投资心得的书。可是,背后9000多人的痛苦经历则无人知晓。

7.不要炒消息。很多投资者喜欢炒消息,听到好消息就倾囊而出,买入股票;听到坏消息则卖掉股票。这样做正好中了放消息者的奸计。

8.切勿有羊群心态。有些投资者看到股价急升就高位追货,看到股价暴跌就立即沽货的投资者,完全忽略了股票的真正价值,只是在单凭市场气氛买卖股票。这些人只会在市况向上时赚钱,市况差和波动时则会亏损得一团糟。

9.股市波动太大时应暂时离场观望。市场波动一定有原因,除非你真的看通看透了主宰市场的因素,否则投资就是盲目的。盲目投资的后果通常是亏本,而且可能是亏大本。

10.缺乏风险管理。股票市场的散户之中,十有八九没有风险管理,尤有甚者,部分投资者竟然反过来追求高风险投资,期望打"擦边球"得到暴利。投资者应以保本为大前提。过往的风险管理是奉行分散投资,可惜,2008年金融海啸中,股票基金全盘下跌,不少分散投资的人照样亏损严重。投资环境不明朗时的风险管理应该是:增持现金,尽可能减持股份,暂时观望。

11.切勿追落后、博反弹。股票有别于商品,上市公司会倒闭,股份可能一文不值。股价暴跌必有原因,不要以为股价下跌就一定值得买。例如中国很多以出口为主的工业股,在美国经济疲弱时也容易倒闭。

12.不要以为股票市场有什么必赚秘诀。请看看世界上5大投资银行,财雄势大、人才鼎盛,在金融风暴之中,仍然轻易地倒下了。逆市中,股市投资很难获利。

13.不要因为没有买入昨天急升的股份而后悔,因为每天都有股份升跌。只要到证券交易所走一走,必然会听到有人说,要是上个月买入某某股份,今天就赚了几十万元。这是投资者最要不得的心态,要是长期有这样的心态,最终会在股票市场做出令人真正后悔的事情。

14.最后,笔者认为最是金石良言的一句:不要借钱买股票!

至于投资时机,以下只是概说,不一定切合每个人的需要。

2008年至2009年年中,宜增持现金,可以考虑有限制地买入黄

金、白银等商品,股票市场的投资额不宜超过总资金的30%。不应该以负债方式持有房产或者股票。

2009年年中至2010年底,宜减持现金和商品,买入优质股份或者基金,股票市场的投资应为总资金的70%。资金充裕的投资者可以考虑买入房产。

2011年至2015年,应以股票和基金投资为主,房产投资为辅。这时候可考虑以负债方式持有房产或者股票。

如何避免投资失利

想在金融海啸中避免投资失利,投资者可以考虑避免以下行业:

1.外资金融和保险业,包括在香港上市的金融机构,因为这些机构可能受到持有的不良证券的影响而随时资不抵债。除非详细了解该等公司的资产状况,否则不应买入。

2.主要业务是出口商品到欧美日等国家的股份,尤其是工业股。这些股份受到海外经济衰退的影响较为明显。除非欧美日经济好转,否则不应买入。

3.黄金白银等商品只是因为市场恐慌,资金无处安置,而在金融海啸中受到追捧。从长远角度而言,不值得买入。

4.高科技行业是高风险行业,除非熟悉内情,否则不宜沾手。

5.与东南亚等新兴市场相关的投资有相当高的风险。人民币看涨的情况下,东南亚新兴市场的汇率损失可能相当大。

以上的意见好像肤浅了一点,可是,在那些投资失败的人之中,绝大部分都会忽略以上的肤浅意见。最简单的投资道理,往往才是最有用的。

最好的投资

到中国投资的人或中国的投资者可以考虑以下的投资方向：

1.商用物业，例如位置良好的办公室大楼将会因为外资大举进军中国（不是投资，只是争取中国市场）而受到追捧，情况和香港的甲级写字楼物业被外资推高一样。当然，这些昂贵的商用物业非一般投资者可以单独拥有，可是投资者能够在股票市场上买入持有这些物业或者土地的股份。北京、上海、杭州、福建、广州、深圳、香港等地的商业中心物业会是首选。现在中国的物业市道疲弱，到2009年年中为止，只宜观察并分析环境，作出投资部署。最早的投资机会，应该不会那么早出现。

2.适合外国人居住的住宅物业也会成为抢手货。附带服务的共管公寓※是短时间留在中国的外国人首选。邻近商业区的高尚住宅是长期留驻中国的外国人员的首选。大型共管住宅物业也值得注意。另外，基础设施良好的地段是外资一向青睐的土地。到2009年年中为止，只宜观察并分析环境，作出投资部署。

3.受到中国推动内需的影响，所有工商业物业都会有发展的机会。商场和连锁零售业务会在金融

※共管公寓
注：共管公寓Condo，直译为"共管式独立产权公寓"。实际是个人拥有单户产权的，整个物业由统一物业公司管理的集合型社区，与一般物业相比，Condo 拥有更完善的生活配套和休闲娱乐设施，物业的拥有者都可以共享这些设施。

海啸过后发展得很好。值得注意的是零售行业，包括餐饮、电影和影像相关零售业、电子通信、传媒、食品加工等等。

4.农业会是未来10年的投资新宠儿。农地和农场会是首选。养鱼场、养虾场也会受惠。农业相关的行业也值得注意，例如肥料、饲料、农业机械、水利工程、土木工程等等。

5.应该注意医药类股份。中国药物打进西方市场只是时间问题。今天的中国医药业受到不公平对待，日后总会有吐气扬眉的一天。一旦中国药物进入西方市场，必然越做越大。

6.纯中资的金融类股份有升值潜质，但是要注意这些金融机构在金融海啸中的损失有多少。由于中资银行的透明度不高，所以投资的风险相应地也提高了。到了金融海啸停下来之后一段时间，中资银行股应该会受到追捧。

7.渤海油田投产之后，中国石油化工业会受惠。趁着股市低迷买入一些相关的股份，可以说是很好的投资策略。

8.多留意海外中国股份的动向，即香港的H股、纽约的N股和新加坡的S股。这些海外股份有指标作用，当这些海外股份的某一类别股价长时间走强时，可以考虑买入相应的A股。当然前提是要做足功课，明白股份的情况。

最后，笔者想补充的是，除了上述的投资方向之外，教育也是很好的投资，现在的社会需要有专业知识的人才，所以求学是提升个人竞争力的最佳策略。即使不去上学，多学习些有兴趣的事物也是好主意。

此外，健康是人生的重要一部分，能够有健康的体质才能享受人生。这项投资是绝对不能忽视的。

很多人经常轻易地放过眼前的机会。人生之中，最难得的是机会，因为机会是可遇不可求的，错失了机会之后，可能一辈子再也不碰到了。上过心理课的人都知道，人生遗憾的事情之中，十有八九是没有做的事，不是做了却失败了的事情。怕失败而放弃机会才是人生最大的憾事。

要想在机会出现时抓住机会，就要及早累积经验和知识。与其冒险投资股票市场，争取金钱上的得益，不如多注意些身边的机会，得益可能更大。那就是说，不要只看股市房市，要全面地看自己的人生和所有可能出现机会的地方，这样做才会得到最大的回报。

附录一：
另类经济研究

很多读者关心笔者前作中的标普500走势,以及美国住宅建筑业协会指数关系有没有更新数据。特此回应大家!

附录一 另类经济研究

标准普尔与美国住宅建筑业协会指数的微妙关系

美国多处财经论坛上出现了一个图表,显示了十多年以来,美国住宅建筑业协会的指数,几乎与标准普尔500指数一模一样,只是标准普尔500指数落后于美国住宅建筑业协会的指数一年。

换句话来说,美国住宅建筑业协会的指数走在标准普尔500指数的前面一年,能准确预测标准普尔500指数的动向。

以下是没有任何改动的对比图。

以下是这个图表的更新版本。将标准普尔 500 指数拖后一年,更能显示两者之间的密切关系。

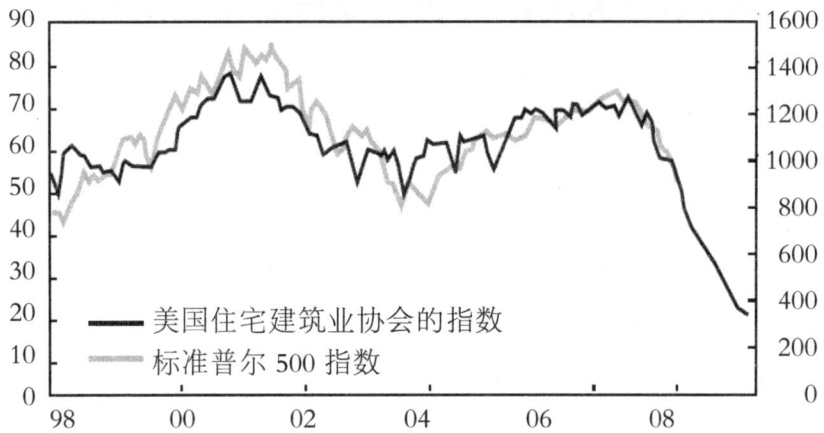

从图表中可以看到,标准普尔 500 的走势与美国住宅建筑业协会的指数完全吻合。灰线是标准普尔 500 指数,因为标准普尔 500 指数落后一年,所以将它推前一年显示两者的配合程度。黑线是美国住宅建筑业协会的指数。请注意,图中年份经过修改,与罗森伯格先生的原图有些微出入。

最先绘制此图表的人是美林(Merrill Lynch)的北美首席经济师大卫·罗森伯格(David Rosenberg)。很多人,包括笔者在内,都无法相信有此神话,于是纷纷寻找原始数据进行印证,有人甚至重绘图表。结果显示,这个图表完全正确。

一时之间,这个图表在网上广为流传。可是,美国住宅建筑业协会的指数只是显示新屋建成量,与股市关系不大,与显示美国主要

500 股份的标准普尔 500 指数更加风马牛不相及。没有人可以清楚地说明两者的关系。

最有趣的地方是两者完全吻合,除了标准普尔 500 指数落后一年,整个走势自 1996 年至 2006 年一直准确。单纯从图表看,两者必有密切关系。事实上两者并无已知的密切关系。经济学者和市场分析家也摸不着头脑。

既然这个图表准确而且准确的时间长达十年,理应继续准确下去。图表显示美国住宅建筑业协会的指数会大跌,岂不是说标准普尔 500 指数会大跌至只有 600 点,跌幅超过一半。这将是美国股市的大灾难。

要是笔者根据图表显示的美国住宅建筑业协会的指数走势,预测标准普尔 500 指数大跌将超过一半,一定会被有识之士评价为精神有问题。不知道如此不可思议的事情是否会应验。

上义所说的美国房屋建造业指数是:National Association of Home Builders Housing Market Index (NAHB-HMI)

该指数可在以下网址找到:

http://www.nahb.org/generic.aspx?sectionID=134&genericContentID=529

以下是该指数的最新数字

2007										
Feb	Mar	Apr	May	Jun	Jul	Aug	Sep	Oct	Nov	Dec
39	36	33	30	28	24	22	20	19	19	18

2008								
Jan	Feb	Mar	Apr	May	Jun	Jul	Aug	Sep
19	20	20	20	19	18	16	16	18

　　由图表可见,美国住宅建筑业指数于 2007 年 2 月开始大跌,到 10 月时,下跌一半。这显示,标准普尔 500 指数在 2008 年 2 月到 10 月大跌一半。

　　标准普尔 500 指数在 2 月约 1400 点,10 月低位约 900 点。虽然没有跌一半,但是也有相当大的跌幅。基本上可以说是准确的。

附录二：
花旗救市秘闻(小小说)

□ 纽约联邦储备银行
1924年启用

大祸临头始醒觉

※纽约联邦储备银行

注：纽约联邦储备银行，简称纽约联储，FRBNY，是1924年新文艺复兴时期建造的银行，位于曼哈顿的金融区。它是美国联邦储备系统中最重要的、最有影响力的储备银行，负责第二个储备区，在美国的金融领域占据着举足轻重的地位。它有别于全美其他11个地区性银行，因其位处美国金融中心，直接执行中央政府的货币政策，进行大量的外汇交易，管理美国财政部很大一部分的债务。

2008年9月13日，月色深沉的星期六傍晚，纽约市中心自由街33号古色古香的纽约联邦储备银行，一群穿着黑西装的男人走过办公室大楼灯光明亮的走廊。纽约联邦储备银行※是美国中央银行系统之中，十二家联邦储备银行的其中一家，可以说是代表美联储的地方。这群男人面色凝重，在走廊走过时，没有人说一句话，只是默默走进会议室内坐下。

原来他们在中午接到美联储主席伯南克的通知，到纽约联邦储备银行开会。虽然伯南克没有说开会的议程是什么，但是大家早就心里有数，应该不会是好事情。

最近，每次伯南克召集各路人马召开紧急会议都会有银行或者金融机构倒闭。这次当然也不会例外。通用汽车的里克·瓦格纳（Rick Wagoner）和其他人一起走进了会议室，他可以说是纽约联邦储备银行的稀客，因为他既不是华尔街的小圈子成员，也不是美联储的成员。

□ 雷曼执行董事理
查德·福尔德

在座的人没有理会里克·瓦格纳这位稀客，反而将目光放在"雷曼兄弟"的执行董事理查德·福尔德身上。福尔德正静静地坐在一角，望着窗外漆黑的天空。雷曼的股价由 2007 年 11 月的 67 美元暴跌至开会前一天的 20 美分，可说是大势已去。福尔德拒绝了多家金融机构的收购建议，股东当然不满，美联储的人也不高兴。据闻，有意收购雷曼的机构包括香港的狮子钱庄（HSBC）、英国的巴克莱银行（Barclays）等。福尔德一向是华尔街的"土豪"，不愿意受制于任何人或者任何机构。雷曼账簿上的数字显示该公司再也无法经营下去，一定要卖盘。可是，福尔德无心卖盘，一心等着美联储出手相救，就像是投资银行贝尔斯登那样，由美联储担保问题账目后再以较高价钱卖盘。

曾几何时，这位心高气傲的福尔德是华尔街的大红人，既是著名投资银行雷曼的执行董事，也是纽约联邦储备银行的董事，如今已成为华尔街的过街老鼠。

伯南克勃然大怒:"你的证券部门怎么会亏掉 4000 亿美元那么多?"

在座的人无不吓得目瞪口呆,因为伯南克一向冷静,从不曾在众人面前大动肝火。于是所有人的视线都转投到了福尔德身上。

福尔德没有响应,仍旧只是点点头。

伯南克用力拍打桌面,在座的人之中,不少人吓得全身一震。

"为何不早些将这件事告诉我?你以为在账目上做些手脚就可以瞒着我吗?"

福尔德冷冷地说:"已经亏掉了,还有什么好说的?我早就叫你给雷曼兄弟商业银行牌照,让我们可以在市场上多拿些资金,现在倒

□美联储主席伯南克

好，亏损严重，又没有资金周转了。还有那些无货空头※，把雷曼股价压到很低，要是不在账目上做些手脚，雷曼早就完蛋啦。我找你谈过关于'股市制空权'的事情，当时你不听不管，现在却来怪责我。搞成现在这种田地，你也有责任呀！"

伯南克心情平静下来，深吸了一口气，然后说："星期一早上，你去纽约南区报到吧！"（纽约南区的意思是美国纽约南区破产法庭。）

福尔德着急地说："有话好说啊，不必那么急着就叫我去纽约南区，应该还有买家愿意购买雷曼……"

伯南克还没等福尔德说完就抢着说："卖盘的事，申请破产之后再说吧。快快给我滚出去！"

伯南克的话刚说完，刚才和伯南克一起进来的男人便上前拉着福尔德的手，想将他带离会议室。

福尔德推开那个人的手，指着伯南克高声地问："你为何救贝尔斯登，不救雷曼？"

伯南克反过来指着福尔德大叫："你还有脸说？前两天，你给了雷曼3位高层人员2000万美元特别款项吧。这算是什么？简直是抢钱。我

※空头

注：空头，short selling，又称放空、做空、卖空、沽空（香港用语）、买空卖空（新马两地用语），是多头的相反，指投资人在手中不持有证券的情况下，向券商借入证券以卖出。放空的部位须于一定时间内回补或事先向第三方借入股票，否则构成违约交割。放空通常是在预测市场行情将下跌时的操作。传统证券市场行情上扬投资人才会获利，放空是市场下跌投资人也能获利的特殊操作法。若行情如预期下滑，低价回补时，即可赚取差价。但若行情不跌反升，价格上涨理论上没有极限，回补时将损失惨重，因此风险很大，投机性高。因其投机性高，不是每个证券交易所都允许放空买卖；即使允许，往往也有较多限制。

不想再跟你这种人说话,快给我滚出去!"

福尔德指着会议桌说:"我好歹都是纽约联邦储备银行的董事。这里是我的会议室,不要再叫我滚出去,你没有权这样做。"

"我以美联储主席的身份,解除你所有联储银行的职务。这里再也不是你的会议室,快快给我滚出去,不要妨碍我们开会。"

这时,两位警卫走进会议室,请福尔德离开,福尔德只好乖乖地离开了会议室。

伯南克仍旧不放过福尔德,还大叫道:"不要以为你在雷曼任职时拿了4亿6000万美元酬金从此就能落袋平安了,我会将这件事交给众议院监察及政府改革委员会调查。等着瞧吧!"

福尔德回过头来说:"好,我等着。尽管放马过来好了。"

伯南克看着福尔德离开之后,心情平静了一点。他转过头来望着瓦霍维亚银行(Wachovia,又称美联银行)执行长罗伯特·斯蒂尔。会议室内的人也随着伯南克的视线将目光转到斯蒂尔身上。

斯蒂尔是位临危受命的执行董事。2007年6月,瓦霍维亚银行踢走了前执行董事肯·汤普森(Ken Thompson)。2007年7月初,斯蒂尔上任。到了月中,该银行公布第二季业绩亏损89亿美元时,他无可奈何地裁员了1万人。同时,他还用1600万美元私人买入了100万股瓦霍维亚银行股票。由于斯蒂尔以前曾在美国库务部及投资银行高盛(Goldman Sachs)工作过,所以和财政部长保尔森是老朋友兼旧同事。美国财政部长保尔森未到政府工作之前,曾经是高盛的执行董事,是斯蒂尔的上司。

伯南克问:"斯蒂尔,有没有事想跟我说?"

斯蒂尔摇摇头回答:"主席先生,我没有事想跟你说。"

伯南克说:"大家都很担心瓦霍维亚银行的情况,不如你说几句话让大家安心点吧!"

斯蒂尔摊开双手说:"各位,瓦霍维亚银行是家业务稳健的银行,只是近日业绩显示亏损比较严重。为了增加资本,我已经主动寻找了买家。"

伯南克说:"花旗集团执行董事潘迪特(Vikram Pandit),你也向大家说几句话吧!外界传闻贵集团有意收购瓦霍维亚银行啊。"

花旗集团以阿拉伯资金为主,是全世界最大规模的银行,早在2007年年中遭受次贷风暴冲击,执行长普林斯(Charles Prince)被踢走,潘迪特在2007年年底接任为花旗集团的执行董事。

潘迪特礼貌地说:"伯南克先生,花旗集团的业务是商业机密。请你专心处理联储局的事务吧。花旗集团的事业,由我来打理好了。"美联储和花旗集团的关系并非从属,潘迪特没有必要听命于伯南克,因此态度相当嚣张。

伯南克一边击掌一边说:"好!好!潘迪特先生,你有种!"

潘迪特再次恭敬地说:"伯南克先生,花旗集团乃全世界最大规模的银行,应该不会向你这……美联储提出什么请求吧。"

伯南克笑着说:"你对华尔街的认识太少了。世界最大银行……等着瞧吧。"

潘迪特也笑着说:"花旗集团一定耐心等候主席先生的指教。"

潘迪特是位资深教授,2000年才开始踏足商场,短短7年时间就成为了花旗集团的执行长。由于潘迪特非常自负，看不起同样是前大学教授的伯南克，虽然贵为花旗集团执行董事，却没有加入华尔街的小圈子，甚至还可以说与小圈子中的人格格不入。他是位虔诚的印度教教徒，在华尔街的7年时间，一次高尔夫球也没有打过，疯狂派对就更加不用说了。

伯南克："既然如此，潘迪特先生，你可以先走了。"

潘迪特笑着离开，走到大门时还回头向着伯南克挥手示意再见。

伯南克转过头来望着世界最大保险公司美国国际集团（American International Group，简称AIG）的执行董事罗伯特·维尔伦斯坦德。

罗伯特翻开桌上的档案，看了又看。

伯南克不耐烦地问："罗伯特，美国国际集团的资产到底还有多少？"

罗伯特吞吞口水，轻声地说："我也不知道。"

"老天爷呀，你怎会不知道公司的资产有多少？最低限度也有个大概数目吧。"

"我6月才接手AIG的。上任执行董长马丁·沙利文（Martin Sullivan）没有向我交代清楚。集团内的证券部门开发了林林总总、复杂新奇的证券和衍生工具，不要说我搞不清楚那些东西值多少钱，连开发那些证券的人也不知道在这样的市况之下，那些东西如何计算价值。这两个多月，我一直在想办法搞清楚这笔糊涂账，但是有很大困难，因为我们的资产主要是那些证券，所以无法计算市值。"

"那么，估值呢？总有个价位吧。"

罗伯特："那些东西早就没有市场了，对上一次交易好像是2007

年年底的事情，我也不知道应该怎样估值。只有一件事情可以肯定的是，集团已经资不抵债了。集团在 3 个月时间之内，因为 CDS 亏损已将近 5000 亿美元，要在一星期内最少注资 800 亿美元才能避免破产。"

"你可以拿那 2200 万美元了。"

"你的意思是……"

"明天我会去国会要求拨款注资 850 亿美元给美国国际集团，即由政府接管。接管后的第一件事就是将你和你的财务总管一起送走。根据合约，会给你 2200 万美元离职金。"

"我拒绝接受这笔离职金，实在受之有愧。"

"算了吧，罗伯特，这是你应得的离职金。"

罗伯特苦笑着说："本来以为可以搞好这个烂摊子，怎料到这摊子真在太烂，实在不好意思拿那笔离职金。"

"这个烂摊子由我来接手。这几个月，辛苦你了。"

"别这么说，是我帮不上忙才对。"

美国财政部长保尔森一直坐在会议室内，没有说话，看来心情沉重。

伯南克望着会议室远处的保尔森，高声地问："保尔森，为何今天坐到那么远？看来，你的心情差极了。不要为了那样的事情不开心啊！"

保尔森没有理会伯南克的话，他盯着罗伯特，严肃地问："罗伯特，为何你不早些跟我说伦敦银行同业拆账利率那件事？"

附录二 花旗救市秘闻（小小说）

会议室内突然一片沉寂。各人不禁心寒起来。保尔森从来没有这样严肃过。这时，所有人才发现，保尔森是故意坐到罗伯特身边去的。通常，保尔森在开会时是坐在伯南克身旁的。

保尔森翻开档案，将它推到罗伯特面前。

罗伯特看看档案，跟着说："是，这是我今天写给你的邮件。其实我也是不久之前才知道这件事的。通用汽车的执行长里克·瓦格纳昨天跟我说，我才知道。"

保尔森仍旧严肃地问："伦敦银行同业拆账利率飙升到了6.88%？"

罗伯特点了点头。伯南克急得站起来走到保尔森那边去，一边走一边说："天哪，罗伯特，你这是在跟我们开玩笑吗？"

保尔森说道："大家都知道伦敦银行同业拆账利率不是拿来开玩笑的东西。我的助手刚刚向我汇报，信贷市场已经不存在了。欧美日各大银行都不愿批出贷款。"

伯南克拿起档案看了一会之后说："怎么我完全不知道这件事？"

保尔森说："你不去借钱，当然就很难知道信贷市场的情况了。里克·瓦格纳的通用汽车公司的业务包括汽车信贷，也就是借钱给客户买车。他每分钟都在借钱，所以最了解信贷市场的情况。只可惜，里克·瓦格纳不是华尔街小圈子成员，即使他想给我警告，也无法直接跟我们联络。我一直事忙，没有把心思和时间放在信贷市场。到了事情严重到很难借到钱时，罗伯特给我发了紧急邮件，我才知道。事情发展得太快，我们实在无法掌握贷市场的情况。"

□ 美国财政部长保尔森

伯南克拿过档案，看了一会之后，档案从他的手中滑落到了地上。他呆呆地看着会议室内的人，没有说话。曾经担任世界著名大学普林斯顿大学经济学系教授的伯南克，是美国 1930 年经济大萧条的权威学者，想不到他竟然在大萧条出现之前的一刻，仍然懵然不知到底发生了什么事。

伯南克自言自语地说："那就意味着世界末日到了。我怎么会一点都没看不出来？"

保尔森说道："各位，请到旁边的房间去。我有些机密的事情要跟伯南克讨论，等一会有人会跟你们说散会的事情。"

所有人站起来，准备离开。保尔森扬扬手示意通用汽车的执行董事里克·瓦格纳留下。里克坐了下来，等到所有人离开之后，他开始打开档案，读起一些细节来。

伯南克问:"等一等,这是什么一回事?"

里克:"简单一点说,因为信贷紧缩,通用汽车上个月的销量急跌了三成半。刚才读出来的细节是我们的特约代理分销商退回分销特许权时候的解释。银行不肯批出贷款,我们有买家、有汽车、有分销商,但是做不成生意。"

伯南克惊愕地问:"情况已经到了这么坏的地步吗?"

保尔森点点头说:"对呀,事情已经极为恶劣了。通用汽车的分销商已经有600家倒闭了。金融海啸扩散到金融业以外,包括里克的汽车制造业。"

伯南克说:"里克,你要多少钱?尽管说好了,我会给你想办法。"

里克放下档案,忍不住流出了眼泪。他抹了抹眼泪说:"伯南克,我不是来这里向你要钱的。要是信贷继续紧缩,你借多少钱给我都没用。对车厂来说,卖不出汽车就要停产。我们已经有计划在年底关闭俄亥俄州的车厂。安大略、墨西哥和威斯康辛州的生产线会在2010年停产。早在两个月以前,我们已经开始出售资产,希望能挨下去,但是至少要在一年之内减少开支100亿美元。这样做会令成千上万汽车制造业工人失业。我来这里是要为数十万汽车制造业员工找个机会,他们的最后机会。"

里克停顿了一下之后,呜咽着说:"车厂有别于投资银行。投资银行员工少而且大都是中产阶层。那些家伙丢了工作可以去欧洲旅行散心。汽车制造业有很多收入低微的员工,他们每天都在辛苦地工作,大都没有积蓄,一旦没了工作就会饿肚子。我连股东的利益都可

□通用汽车执行董事里克·瓦格纳

以置之不理,任由股价暴跌,坚持不裁员,和工人一起撑下去,但是再也不能撑多久了。两位,求求你们,帮帮忙,救救他们吧!"

保尔森拍拍里克的肩膀说:"里克,放心好了,我拼了这条老命也会保住你的车厂。即使天塌下来,我也不会让它倒闭的。"

里克点点头。他知道保尔森不是胡乱作出承诺的人,说了拼命就一定会拼命。

保尔森说:"停产就是大规模失业,跟着就是大萧条。伯南克,我不是想吓你,只是想让你知道实情。大萧条已经近在眼前,对于现在的经济问题,我实在无从着手,不知道应该怎样做,你出个主意吧。"

伯南克问:"房市的情况怎样?"

保尔森说:"房市的情况,比里克的车厂好不到哪儿去。同样是信贷紧缩惹的祸,有买家、有卖家、有担保,只差贷款。生意做不成,房价

附录二 花旗救市秘闻（小小说）

只会大跌。"

伯南克掏出手提电话，自言自语地说："是时候跟乔治说话了。"这乔治就是当今美国总统小布什。

保尔森对里克说："请你到旁边的房间去等一会儿。"

里克点点头，跟着离开了。

伯南克跟乔治谈了一会之后，示意保尔森跟他一起离开。伯南克一边走一边将一叠纸塞进公文包，说道："现在立即飞到华盛顿去，将7000亿美元的救市方案交给总统先生。"

保尔森摊开双手说："7000亿美元救市方案？我听都没有听过这方案呀。可不可以给我看看那方案？"

伯南克一边走一边将那叠纸从公文包拿出来递给保尔森，说："要看吗？拿去吧。"

保尔森兴奋地接过那叠纸，心想伯南克这家伙真有一手，早就准备好了7000亿美元的救市方案。起初自己还以为伯南克什么事情都不知道，原来他早就已经知道一切。这就好了，心里总算有底啦。保尔森对伯南克这位世界知名经济学者撰写的重要救市方案充满了极高的期望，微笑地翻开那叠纸，心想：那应该是相当有分量的方案吧。怎料到，保尔森来回翻动那叠纸，只见上面却一个字也没有！在他手中的只是一叠白纸！

保尔森吓呆了，停下来问伯南克："伯南克，这……只是一叠白纸。何来7000亿美元的救市方案？"

"在飞机上找台打字机，在这些纸上面打些字，不就是7000亿美

元的救市方案了吗？"

伯南克看保尔森仍旧站着不动，于是扬扬手，示意他继续向前走。

保尔森急得差不多要哭出来了，一边走一边问："打些什么字呀？"

"随便好了。随便打些字上去，日后再根据情况改动吧。情况危急，最要紧的是抓紧时间。"

保尔森问："那7000亿美元的数字是怎样计算出来？"

"只是随口说出来的，因为7是我的幸运号码。要是你不喜欢的话，改成8000亿或者6500亿也可以。千万不要用9字，因为我不喜欢那个数字。"

保尔森咽了一下口水，抓了抓头问："那7000亿美元如何救市？"

"我也不知道。到飞机上慢慢想吧，飞机已经在机场等着我们了。"

救市困难重重

2008年9月14日星期日早上,美国财政部长保尔森和美联储主席伯南克两人到白宫与总统小布什会面,出席的人还有副总统理查德·布鲁斯·切尼、国务卿赖斯、众议院财务委员会主席弗兰克及国会发言人南希·佩洛西。会上,保尔森向总统陈述了当前的经济危机并提交了一份只有3页纸的救市方案。

总统小布什一边翻看那份方案,一边笑着说:"我在白宫将近8年,这份方案肯定是我见过的方案之中最精简的一份。"国务卿赖斯看过方案之后不客气地说:"这东西像是大学生开完疯狂派对之后交的功课,哪里像是美国财政部长交给众议院辩论的经济方案?"

副总统切尼说:"我现在终于明白为何美国的经济会搞得这么糟了。"

保尔森硬着头皮说:"这份只是草稿,因为事态危急所以暂时给你们看最重要的内容。"

总统小布什打趣地说:"这算是什么草稿?什么是最重要的内容?这简直就是在一张白纸上写着——给我7000亿美元嘛。"

参议院银行事务委员会资深成员共和党参议员谢尔比(Richard Shelby)盯着保尔森和伯南克说:"你们的做事手法和递条子打劫银行差不多。"

保尔森和伯南克两人站着,没有回应。

总统小布什说:"说得非常贴切。"

谢尔比以斥责的口吻说:"你们身为美国财政部长和美联储主席,过去 13 个月以来,面对金融危机束手无策,每次做事都是越弄越糟,你们还好意思厚着脸皮到这里来递条子要钱?"

属于民主党的南希推开大动肝火的谢尔比,用女性的温柔语调说:"两位,请解释一下现在的美国经济情况,以及说明为何如此迫切地需要动用 7000 亿美元救市。"

谢尔比将那 3 页纸的方案丢到地上,指着保尔森怒斥道:"你怎么做美国财政部长的?有困难就找国会要钱!纳税人的钱是辛辛苦苦赚来的,怎么可以拿来给你乱花?"

南希提高声调说:"谢尔比,可否先听他们解释现在的美国经济情况?如果他们解释得不够清楚,你再骂也不迟。"

□前美国总统小布什

谢尔比对南希说:"我才没有时间听他们放屁呢。你要听,随便你吧。我先走了。"

南希问:"谢尔比,你这样算什么?公然抵制总统召开的紧急会议吗?"

谢尔比拍拍胸膛说:"好吧,我就抵制给你们看看。"

南希:"谢尔比,够胆量的话,你就立即离开这里。"

南希的话音未落,谢尔比已经领着其他两位共和党议员离开了。

在场的人做梦也没有想到共和党议员在国家危难之际,竟然公然叛变,抵制紧急会议。

南希:"总统、总统候选人麦凯恩,你们的共和党到底是怎么搞的?这个时候搞内讧吗?"

总统打趣地说:"应该说是党内叛变,即造反。"

民主党参议员,总统候选人奥巴马(现在已当选总统)走出来竖起右手食指说:"又一次证明了现任政府的无能,我们需要新的思维领导国家,改革是最重要的工作。我们要团结起来推翻以往的……"

总统指着大门说:"奥巴马议员,这里是我的办公室,不是你举行竞选活动的地方。选民在外面,要发表演说争取选民支持,请到外面的街上去。"

奥巴马继续说:"现在的经济困局是你过去 8 年一手搞出来的……"

副总统切尼说:"奥巴马议员,现在不是谈历史的时候,请提出解决经济问题的实质建议。"

奥巴马继续说:"解决的方法就是改革,由根本改起,一路改到最上面去。我们要为美国人民谋福利,重新分配财富……"

□ 国会发言人南希·佩洛西

　　副总统切尼怒火中烧："奥巴马议员，你再不住口，我就轰你出去了。"

　　奥巴马："你敢？"

　　副总统切尼上前想抽打奥巴马，南希和小布什马上拉住了他。

　　总统对切尼说："你刚做完心脏手术不久，不能生气。"

　　总统转过头来对所有人说："除了解决问题的方法之外，任何人再说任何与主题无关的话，浪费我们的时间，我立即轰他出去。"

　　奥巴马刚想开口说话，总统小布什立刻指着他，奥巴马这才合上大嘴巴。

　　因为方案要得到众议院、参议院及总统的通过才能成为法律，保尔森的方案必须得到在场所有人同意才有可能成功。现在，保尔森已经少了一群共和党议员的支持了。

　　虽然事情的发展并不理想，可是，保尔森仍然尽力向各人解释着救市方案的迫切性和美国经济的实况。

保尔森首先发言:"现在美国的经济已经到了生死关头。数百家银行出现了资本不足的问题。信贷紧缩,内部消费会停下来,即整个美国的经济都会停下来。企业会破产、工人会失业、政府会失去税收、福利开支大增……"

保尔森还未说完,总统已经发起质问:"保尔森,上个月,你不是拍胸膛向我保证美国经济不会陷入衰退吗?"

保尔森:"总统先生,那是上个月的事。"

副总统切尼不客气地说:"混账,上个月说美国经济很好,不会衰退,这个月就说美国经济会全盘崩溃。财政部长先生,请你给我解释清楚。"

保尔森吞吞吐吐地说:"副总统先生,上个月我不知道情况会这么糟糕。"

切尼说道:"你肯定这次没有不知道的情况了吗?会不会下个月又来给我们递白条子?"

保尔森不知如何回应,没有回答。

总统扬扬手示意切尼不要再追问下去了。总统问保尔森:"保尔森,最坏的情况会是怎样?"

保尔森答道:"总统先生,最坏的情况是下星期出现像1930年那样的大萧条。"

伯南克补充道:"极可能比那次的大萧条还要严重。"

切尼以斥责的口吻大叫道:"该死,下星期就大萧条,现在才给我们方案研究吗?知不知道要多少时间,国会才能通过方案授权你动用这笔钱?"

总统:"切尼,要以大局为重。其他的事情,解决了问题之后再说吧。"

国务卿赖斯问:"敢问财政部长先生,你有什么方法解决当前的经济危机呢?"

保尔森:"国务卿女士,解决方法都写在方案上了。"

总统:"那就是说你没有解决方法了。"

总统、副总统和国务卿都出乎意料地冷静,尤其是国务卿赖斯,她没有像其他人那样表现得惊愕或者神色慌张。而总统则不时地与身边的副总统耳语一会。

要将方案提交众议院审议,首先要得到众议院财务委员会主席弗兰克的同意。可是弗兰克看完那方案之后,提出质疑:"为何要突然动用7000亿美元向银行购买没有流通性的资产,而且整个过程没有监管,甚至连法庭也不能过问?"

弗兰克放下那份薄薄的方案,向保尔森说:"你想凌驾于法律之上?"

保尔森说:"现在事态危急,只有这样做才能拯救美国经济。"

弗兰克摇摇头说:"要动用7000亿美元购买金融业内的没有流通性的资产……这件事要从长计议,不能轻率行事。"

"已经没有时间从长计议了,一定要立即通过法案,挽救金融市场。"

南希再看看手中的方案之后,将那几张纸丢到一旁。她问:"伯南克,我们已经承诺用2000亿美元救了两房,担保贝尔斯登的坏账又花去纳税人60亿美元,刚刚动用850亿美元救了美国国际集团,还有那拯救房市方案的3000亿美元。这次又要动用7000亿美元,这次你是

附录二 花旗救市秘闻（小小说）

否肯定可以解决经济危机了？"

保尔森摇摇头说："肯定不能彻底解决经济危机，只能暂时拖着，让我们有更多时间。但是，我们一定要这样做，否则美国经济会立即完蛋。现在大萧条已经迫在眉睫，不能再计较那么多了。"

伯南克搓着双手，以哀求的口吻说："我不想看到美国经济进入大萧条。求求你们，救救美国经济吧！"

总统和副总统倾谈了一会儿之后，代表共和党向保尔森表示了对救市方案的支持。南希也觉得情况危急，但是无法答应保尔森和伯南克的要求，只能向民主党的成员寻求共识，希望能够争取民主党众议员的支持。弗兰克则代表众议院财务委员会支持救市方案。

2008年9月15日至27日，保尔森和伯南克在国会与一众政客讨论救市方案。讨论过程极为艰辛，有些众议员强烈反对救市方案，有些众议员甚至反对这次闭门会议的安排，认为自己身为国民代表，不应该在选民关心的经济问题上，对选民有任何隐瞒。政界之中，反对声音最强烈的人，可以说是参议院银行委员会的成员理查德·谢尔比。谢尔比直指保尔森想用纳税人的钱解救以前华尔街的同行（保尔森在加入美国政府财政部之前是投资银行高盛集团的执行董事）。当美国政客在讨论救市方案时，华盛顿互惠银行（Washington Mutual Inc.）宣布被美国政府接管，成为美国历史上最大规模的倒闭银行。同时，几家大型欧洲银行都相继出事，需要政府出资拯救。

保尔森和伯南克经过无数次妥协，多次修改及补充那份救市方案之后，终于得到了两党领袖的同意支持。

救市内幕

9月26日,伯南克收到下属的密件,通知花旗集团以区区22亿美元收购瓦霍维亚银行的零售银行业务。收购过程中瓦霍维亚银行的存款还得到了联邦存款保险公司(Federal Deposit Insurance Corporation,简称FDIC)的担保。

伯南克暂时放下重要的7000亿美元救市工作,打电话与联邦存款保险公司主席贝尔(Sheila Bair)谈论这件事。贝尔同意撤回瓦霍维亚银行存款的担保责任。当天晚上,伯南克邀请富国银行的执行董事约翰·斯坦普(John Stumpf)与瓦霍维亚银行执行董事斯蒂尔,于9月27日到纽约联邦储备银行顶楼进行紧急闭门会议。会上,伯南克提出让富国银行收购瓦霍维亚银行。

斯坦普:"原则上,我可以发行本行151亿美元股份全面收购瓦霍维亚银行。这个价钱绝对值得,但是花旗集团已经成功收购瓦霍维亚银行的零售业务。后天,花旗集团会公开收购资料。对于这件事,我有点为难。"

斯蒂尔:"站在瓦霍维亚银行的立场,能够得到富国银行的151亿美元的价钱,当然要好过花旗的22亿美元。但是,我们已经答应了花旗集团,不能出尔反尔。"

伯南克:"花旗集团的收购过程是否得到了联邦存款保险公司为瓦霍维亚银行存款的担保?"

斯蒂尔:"是呀,一切已经安排好了。"

伯南克:"联邦存款保险公司主席贝尔刚刚通知我,担保瓦霍维亚银行的存款一事告吹。"

斯蒂尔惊愕地问:"什么?为何会取消担保?"

伯南克笑着指指自己的胸膛回答:"联邦存款保险公司担保瓦霍维亚银行的存款一事,少了美联储主席的批准。"

斯蒂尔:"那么,谁为我们的客户存款作担保?一旦瓦霍维亚银行被花旗收购,存款就会在过渡期失去保险……"

还是斯坦普比较明白内情,他问斯蒂尔:"记得9月13日那次会议吗?"

斯蒂尔:"噢,记起来了。那天,花旗集团执行董事潘迪特和伯南克有点过节。这是公报私仇。"

伯南克摇摇头说:"不是公报私仇,只是为瓦霍维亚银行着想,争取更好的出售条件和价钱。这样做对瓦霍维亚银行和两位有百利而无一害。再说,有关收购的法律问题,我可以一力承担。"

斯蒂尔不停地点头。伯南克问他:"这么说你同意收购了,是吗?"

斯蒂尔高兴地说:"当然同意,瓦霍维亚银行平白多了百多亿美元。谢谢。噢,我是否需要将这件事告知花旗集团的潘迪特?"

斯坦普用手肘推推斯蒂尔,跟着说:"这还用问吗?主席先生没有叫你这样做,你就不必去想了。你也有不少公司股份,应该趁此机会发一笔大的意外之财。而我,买到了很好的银行,股东也会高兴。就让那潘迪特将一宗根本不会发生的收购事情公告天下,然后安排接收工作和上报大股东。接着,几天之后,事情告吹,呵呵,丢脸之外还要向他的大股东和投资者解释到底发生了什么事情。到时,他一定要找位心理医生做心理辅导才行了。"

伯南克拍拍斯坦普的肩膀说:"知我者,斯坦普也。"

三人相视大笑,伯南克招招手,向着女秘书玛莉说:"玛莉,麻烦你到我的房间拿我准备好的香槟酒和几只酒杯来,我们要庆祝一下。"

过了几分钟,女秘书和特别助理将一瓶香槟酒和几只酒杯放在了会议桌上。斯蒂尔和斯坦普握手示意成交,接着签署早就准备好的文件,交易完成。伯南克用力开香槟酒,"啪"的一声,瓶塞飞走,香槟酒溅到自己身上。伯南克不以为然地大笑着,将酒倒入酒杯中。斯坦普举起酒杯,三人一起干杯。

斯坦普一口气将酒喝掉:"我赚了一家银行,斯蒂尔赚了百多亿美元,但是,伯南克,你比我们还要开心啊!"

伯南克大叫:"痛快!"

斯坦普和伯南克连干了三杯酒。

男儿膝下有黄金

2008年9月28日,7000亿美元救市方案正式提交众议院辩论及表决。

现在的救市方案被命名为《2008年紧急经济稳定法案》,由原来的3页纸增加到了110页纸。保尔森和伯南克满以为方案会得到众议院通过,可惜,共和党众议员起了内讧,反对方案,结果方案以205票赞成、228票反对的结果遭众议院否决。两人大惊,要求众议院暂缓宣布议案遭到否决的消息,各人继续游说,希望能在最后一刻扭转局势。经过40分钟游说之后,仍是无功而返。

保尔森和伯南克没有放弃救市方案。当晚,一众政客齐集在美国白宫罗斯福议事厅进行闭门会议。代表众议院共和党议员的领袖约翰·博纳(John Boehner)宣布共和党众议员不赞成政府出资购买金融机构的非流通性(不良)资产。在此关键时刻,共和党总统候选人麦凯恩表示不支持救市方案。保尔森虽极力游说麦凯恩和其他共和党政客,但还是得不到议员赞同。伯南克将他拉到一旁,告诉他事情已经很难有转机。

南希悖然大怒,指责共和党人没有诚意解决当前的经济危机。共和党议员代表则指责民主党众议员漠视民意。在争论得最激烈时,南希气愤之下企图离开议事厅。保尔森想到里克的车厂和自己对里克的承诺,又想到在自己任内竟出现如此经济困境,要是就此放弃,日后就真的无面目见江东父老了。情急之下,走到南希跟前,跪下哀求

她不要破坏救市的努力。

南希气得满脸通红,指着共和党人说:"破坏救市努力的人是共和党人,不是我!"

保尔森呜咽着说:"我知道,我知道。"

南希看着保尔森,真是啼笑皆非,只好点点头,拉着保尔森起来。南希始终是女流之辈,对于财政部长先生当众下跪哀求感到心软,于是继续表示支持保尔森的救市方案。

保尔森站起来之后,不停地向南希说"谢谢"。

就是这样,保尔森的方案得到了南希大力支持,民主党议员对南希的游说也难以拒绝,于是都倾向于支持保尔森的方案。要是这方案得不到南希的支持,两党一起反对的话,保尔森的方案将会就此终结。

会后,两党分别向记者发表了不同的主张。而总统又有另一番言论。外界明白,美国政坛其实对此根本没有统一立场。

经过连日努力之后,一众政客决定在救市方案中加入"1500亿美元减税"等安排,以讨好纳税人和共和党议员,然后将方案交到有较多支持的参议院去表决。10月1日,修改后的方案终于得到参议院74票赞成对25票反对的大比数通过。10月3日,议案获得众议院通过。数小时之后,得到总统签字,正式成为法案,7000亿美元金额的问题资产解救计划终于成立,以购买美国银行体系内的问题资产。

好戏在后头

局外人都以为救市方案一旦通过，一切金融问题将即时得到解决，股市和房市会立即转好，金融海啸很快就会成为往事。可是，对保尔森及伯南克来说，起草救市方案和将方案变成法案是整件事情中最容易的部分，最困难的事情是如何解救已经奄奄一息的美国经济体系。信贷市场一旦停顿，将很难令它短时间内复苏，至少，历史上从未发生过这样的奇迹。

救市方案只救银行，不救房市。对于由房市引发的金融海啸来说，只搭救银行，无助于解决问题的根源。再说，陷于困境的银行不是只限于美国境内，欧洲的主要银行也处于水深火热的境地。要是欧洲银行接连倒闭，美国银行同样会受到连累。

保尔森和伯南克两人日夜不停地策划救市行动，因为担心7000亿美元不足以将银行业由全盘崩溃边缘拉回来，于是将美联储对银行业的信贷额度大幅增加至9000亿美元。这样做看来应该足以稳住当前的形势了。

2008年10月4日，正当保尔森忙得不可开交的时候，外交人员将一封由驻英国美国领事馆寄来的外交密函交到了保尔森手中。保尔森奇怪为何会有英国领事馆外交密函寄到美国财政部。打开密函之后，保尔森不禁吓呆了。在他身边的伯南克，摊开双手向他示意，想知道发生了什么事情。保尔森干脆将密函递到伯南克手中。信的内容是说英国一宗破产官司实时冻结了超过6000亿美元的美国资产，其中有部分被冻结的资产是雷曼即将倒闭时由美国转到英国去的。美国外交部介入无效，于是将事情转告给了美国财政部长。伯南克丢下密函，双手掩面，而

保尔森只是呆住了。两人心想,为何现在资金短缺,美国经济岌岌可危的时候,还偏偏出现这种事情?

已经两星期没有好好睡过的保尔森望着那封密函,摇着头说:"2009年1月,新总统上任时,我会离任,不再担任美国财政部长。这份工作真的太艰苦了。"

伯南克说:"新总统上任时,即使你我想留任也有很大困难。我们两人要为金融海啸负上全责。"

保尔森望着伯南克说:"你是世界知名的经济学者,懂得无数理论,应该有办法才对。全世界的人都看着你呀!为何你也和我一样一筹莫展?你的理论到底能不能用得着?"

伯南克:"那些经济学理论全都是空谈。写在纸上,用来讨论就很好用。现在碰到真实的经济问题,才知道理论和实际完全是两回事。很抱歉,我的理论完全派不上用场。"

保尔森还未看到最坏的经济情况就已经觉得支持不住了,上天好像故意捉弄人,在这时候给他更多麻烦。可以说一波未平,一波又起。美国股市在2008年10月6日星期一时,道琼斯指数曾经暴跌800点,收市虽然只是下跌369点,但是收市时,指数低于10000点以下。市场对救市方案投下不信任票,救市的成效又大打折扣。

保尔森和政客一番纠缠之后,接着和英国人打交道,现在又要跑到华尔街,说服那些金融巨子支持救市方案和美国经济。最后还要与各国央行总裁讨论如何联手降息救市。

2008年10月5日,法国提议设立3000亿欧元的联合救市方案,由于德国反对而胎死腹中。欧洲各国改为各自扶助有困难的金融机构。对于保尔森来说,他企图联合欧洲各国救市的行动也以失败收场。

到了这阶段,保尔森已经不能再想欧洲的事情,要尽快实行收购金

融业内非流通性资产的计划。可惜,美国财政部没有合适人手。经过一轮艰苦奋斗之后,保尔森终于找到以前在高盛工作时的旧部下负责购买市场上的非流通性资产。另一方面,筹组救市局,又称为"市场吸尘器",全权负责收购不良资产的行动。

2008年10月8日,保尔森和伯南克开会,讨论救市的最终方案。伯南克突然又将难题摆到保尔森面前。

保尔森:"什么?又给我看机密档案?不要告诉我又有坏消息了。"

伯南克:"说得对,又是坏消息,而且是坏透的消息。"

保尔森:"现在的情况已经够坏了,我不相信还可能有更坏的消息。"

保尔森打开档案,还未看完第一页就已经吓得目瞪口呆。

伯南克:"两天后,已经破产的雷曼资产会被我们拿出来拍卖。我和有意出价的买家私下讨论过,这次拿出来拍卖的CDS应该是每1美元面值只能卖8分钱,贬值92%。"

漂亮的女秘书又走上前问两位想要些什么饮品。保尔森冷冷地说:"给我一些喝了之后立即死亡的东西吧。"

女秘书也是冷淡地回答:"好吧,财政部长先生,让我看看茶房内有没有三鹿生产的奶粉。有的话,冲一大杯给你。"

伯南克轻松地说:"我们的女秘书也挺幽默。"

保尔森摘下眼镜,捧着额头,自言自语地说:"这次惨了。市值这么低,如何买入?要是依照市值买,几百家银行将会一起倒闭。要是大幅度抬高价钱,弗兰克和谢尔比一定会找我们麻烦,买不了多少就要被叫停。"

保尔森戴回眼镜,望着伯南克,冷静地问:"我们的买货计划岂不是要告吹?"

伯南克也冷静地回答:"我们从来不曾有过什么计划,都只是胡思乱想而已。"

"怎么办？我们降息，银行同业拆账利率却仍然上升；已经通过法案动用7000亿美元买入银行的非流通性资产，银行股价却还是暴跌；美国总统出来说话稳定人心，人心却仍然不稳。"

伯南克："继续想办法吧，总有办法可以暂时稳住市场。"

2008年10月9日和10日是保尔森和伯南克最难过的日子，美国股市暴跌。10月10日早上，道指跌穿了8000点。似乎所有救市方法这时都没用，美国经济已经危在旦夕。可是，奇迹突然出现了，美股在10日早上反弹，11日更是上升到了9400点。原因是欧洲各国承诺联手投入资金23 000亿美元。欧洲各国投入的资金是直接购买银行股份，支持股价。

10月13日，伯南克和保尔森会面。

伯南克："既然欧洲政府的救市方法那样奏效，我们可以照做。用那7000亿美元买银行股份吧。"

"那岂不是将全部银行收归国有？"

伯南克："我们早就收了好几家了。"

"你倒是说得轻松。这样做，我们变成共产国家啦。"

伯南克："不这样做，我们很快就变成破产国家啦。"

于是，他们公布了新的救市方案，买入了9大银行股份而并非银行的非流通性资产。计划虽然和原来的构想有很大出入，但是总算让股市平静了下来。

欲知结局如何，请看下回分解。相信，大结局会在不久之后刊登在各主要报纸杂志的头版。有兴趣知道故事结局的读者，请留意报纸、杂志与电视的头条新闻。

（请读者注意，此乃文学创作，故事内容纯属虚构。故事情节与任何真实的人和事物无关。若有雷同，纯属巧合。）